子どもの「問い」を生かす

算数授業

―「静岡」からの発信―

岡本光司 編著

静岡新聞社

まえがき

　私は、これまでに現場の共同研究者と共に、算数・数学授業に関する次のような3冊の図書を刊行してきました。

『生徒が「数学する」数学の授業』（1998、明治図書）

『子どもの「問い」を軸とした算数学習』（2008、教育出版）

『生徒の「問い」を軸とした数学学習』（2014、明治図書）

　1冊目の図書では、「問題解決」的数学授業に内在する問題点として、多くの授業が基本的には「教師：問題をつくる人」、「子ども：問題を解く人」という二分法によって構成されている点を挙げた上で、次のような「軸足の移動」を提起しました。

　・「問われる」生徒から「問う」生徒へ

　・「教える」教師から「生徒の学びに参加する」教師へ

　・「管理」の授業から「保障」の授業へ

　・「正しい解決」の授業から「価値ある解決と創造」の授業へ

　また、この図書では、子どもの「問い」を組み入れた授業構成に関して、後の5段階方式による授業展開の原型といえる基本的な授業の流れを提案するとともに、その具体的授業事例を提示しました。

　さらに、翌年、私は1冊目の図書の理論的背景を考察する論文を書きました。それは J. Lave、E. Wenger による状況的学習論に基づく学習論でした。この学習論の基本にある「学ぶとは共に学ぶことである」という考え方は、その後の「問い」を軸とした算数授業」の礎の一つとなっていきました。

　続いて私は、状況的学習を志向した算数・数学学習における「学力」、創造性理論に基づいた力・創造力育成を目指した授業構成の論究を行いました。

　2冊目の図書は、それまでに積み上げ構築してきた授業論・学習論を提示するとともに、それに基づいて行った浜松市立村節小学校での授業実践の実際を記したものです。

　3冊目の図書では、文化論をもとに学級文化を考察し、その意義・働

きを明らかにしました。

　これらの図書の刊行と並行して、私は、そもそも授業とは何か、授業は誰がやっても授業ではあるが、そこに違いが生じるのは何故かという課題にも取り組みました。こうした課題を考えていくために私は「有機体」という概念を援用しました。有機体としての算数・数学授業を「基本理念」と「子どもの学習、授業の構成・展開、教材の選定・提示、教師の指導、学習規範の設定、学力の共通認識」から成る営みと考え、教師がそれらの各々に当たる自分の考えを提示したものを「私の授業観」としました。

　また、望ましい授業を展開するには、その背景に善き学級文化の形成が欠かせないことを指摘し、「私の授業観」と学級文化との関係についても論じました。

　本書は、上述のようなこれまでの研究の総まとめといえる書であり、次の三つの章から成っております。

　第1章　子どもの「問い」を生かす算数授業に関する基本的事項

　第2章　子どもの「問い」を生かす算数授業の実際

　第3章　子どもの「問い」を生かす算数授業研究をめぐって

　そして、その中心は第2章です。そこでは、静岡市を中心とした7人の小学校教員が、各々の「私の授業観」に基づいて行った『子どもの「問い」を生かす算数授業』の実際を紹介しています。これらは、私と考えを一にする静岡の小学校教員による「静岡」からの発信です。

　なお、第1章は第2章の授業の基底にある思想と理論を述べたものであり、第3章は数学教育研究者からの寄稿文です。

　末筆ではありますが、本書の刊行に当たってお力添え、ご協力をいただいた岡崎和彦教授、両角達男教授、松島充教授に深謝申し上げます。本書にお寄せいただいた先生方からのメッセージは、今後の研究に向けての励みとなりました。また、授業実践の記録を書いてくれた静岡の先生方に改めてお礼を言いたいと思います。ありがとう。

　　　　　　　　　　　　　　　　　　　　　　　　　　岡本　光司

目　次

第3章　子どもの「問い」を生かす
　　　　算数授業研究をめぐって

第1章

子どもの「問い」を生かす算数授業に関する基本的事項

岡本　光司

　『子どもの「問い」を生かす算数授業』は、次のような四つの要件を満たす授業であることを基本としています。
　・子どもの「問い」を大切に扱う授業であること
　・明確な授業観のもとでの授業であること
　・豊かな学級文化形成を目指す授業であること
　・子どもの「問い」を活用した授業、または、意図的、組織的な５段階方式による授業形態のもとでの授業であること

　以下、こうした授業を目指すことの意味と意義について述べていきます。

Ⅰ. 子どもの「問い」に 関する思想と理論

　子どもの「問い」を生かし、子どもの「問い」によって創り上げていく算数授業の構築に当たっては、以下のような教育思想・教育理論を基底に据えています。

1. O. F. ボルノーの教育思想

　ドイツの教育哲学者、O. F. ボルノーの講演集の中の『問うことへの教育』（ボルノー、1997）には、私たちへの意味深い問いかけの言葉が連なっています。特に注目すべきは、その冒頭にある

「人間とは問う存在である」

という言葉です。

　さらに、子どもの問いの連鎖について、次のように語っています。

　　「問いは絶え間なく続行され、どのような問いも新たな問いを可能にする。
　　問いは絶えず一つの問いから他の問いへと進み、問いへの渇きは決して静まることがない。子どもの問いもこの類のものである」

　一方で、ボルノーは、こうした問うことへの教育に関して、次のような厳しい指摘を行っています。

　　「思考の習慣が身に付いていて、意見が安定していることは老年の本質に属しています。より年長の人間は自分の『経験』に基づいていて、その経験に安心しており、そしてさらに問うことを習い損なうのも老年の本質に属しています」
　　「自らが誠実に問うことができる者のみが、問うことへと教育す

2

ることができるのです」

　ボルノーのこれらの語りは、算数授業のあり方を考える際に大切にすべきことの何たるかを指示してくれています。それは、以下のような考えです。

　①　「人間とは問う存在である」という明言を受け入れ、子どももまた「問う存在」であると考え、授業において子どもを「問う存在」として生かしていく。

　②　一つの「問い」が次々と「問い」を生み出すという「問い」の連鎖に目を向け、それを授業の構想・構成に生かしていく。

　③　子どもに対して教師は年長者であるが、年長者としての「経験」に安住することのないようにする。

　④　教師は、自らが自らに問うという姿勢を持ち続ける。

2. 佐伯胖の「学び」の理論

　算数の授業は、通常、教師が「問題」を提示し、それを子どもたちが解くという「問題解決」的形態が取られています。この形態による授業は、一方的に「教え込む」授業に比べ、はるかに望ましいことは言うまでもありません。

　しかし、視点を変えて一歩踏み込んで考えると、そこには次のような問題が内在していると佐伯は述べています。（佐伯胖、2002）

　その一つは、「問題解決」的授業の多くが、基本的には「教師：問う人」、「子ども：答える人」という「二分法」によって構成されているということです。佐伯は、この点に関して、次のように語っています。

　「問題解決的」授業は、「知っている者」としての教師が「知っていること」を巧みに隠し、「知らない者」としての子どもにその内容を問題形式で与えることで、子どもが「隠されたこと」を発見したり、解決したりしていくことを期待する授業ではないか。それは、子どもの視線が「隠されたこと」に集中し、そこに何を教師が隠しているかを察知しようとする Guessing Game のようなものではないか。

また、通常の「問題解決」的授業には、問題解決のための「資源」に制約を設けるという問題点があることにも言及しています。「教科書は見ないで考えよう」、「自分の頭で考えよう」という指示がその例です。ましてや、市販の参考図書を見ることなど論外です。要は、子どもたちが教師の敷いたレールの上を走って行ってくれること、教師が設けた土俵の中で学習してくれることを思い描く傾向があるのではないか。

　佐伯のこれらの見解は、以下のような考えの大切さを示唆してくれています。

① 授業は、教師の指導のもとで、子どもが学ぶことが基本です。しかし、それは授業の形態まで規定するものであると考える必要はなく、「子ども：問う人」であってもよいのではないか。適宜、「問う人」を教師から子どもへと置き換えることで、強固な「二分法」からの脱皮を図っていく。

② 教師は自分の土俵の中に子どもたちを抱え込まず、自分が引いたレールに固執することなく、子どもたちが必要とする「資源」を教室に持ち込み、それを参考にすることを認め、時に、子どもが教師を超えることがあったとしても、それを歓迎する。

3. 鈴木忠志の演劇思想

　編著者岡本（以下、私）は、2012年の秋、当時、静岡県舞台芸術センター（SPAC）の芸術総監督をされていた世界的に著名な演出家、鈴木忠志氏のもとを訪れ、話を伺う機会を持ちました。

　話題は、「子どもの『問い』を軸とした算数・数学授業」と鈴木氏が演出を手がけてこられた古代ギリシャ悲劇との関係でした。

　古代ギリシャ悲劇作家ソフォクレスの作品『オイディプス王』には人間の尊厳とは何か、真実追究がもたらすものは何かといった「問い」があり、『アンチゴーネ』には自然法と人為法との対立を通して浮き彫りにされていく人間にとって法とは何かという「問い」があります。

　算数・数学授業における子どもの「問い」を念頭に置きながら、古代ギリシャ悲劇に内在する「問い」について伺った私に鈴木氏は次のよう

に語ってくださいました。

　　「古代ギリシャ悲劇にあるものは、『不可解なもの』に対する問い
　　かけであり、その『不可解なもの』をどう位置付けるか、どう見る
　　かという問いかけです。それは個人による問いかけであるが、それ
　　を言葉にしたとき、それは集団の問いかけになる。個人の経験を舞
　　台の上でセリフにすることによって、それが集団の経験になる。そ
　　ういうものが古代ギリシャ悲劇の根底にあるのです。そして、その
　　問いかけを言語化することは何を意味しているかというと、それは
　　人と人とが向かい合うということなのです」

　私は、この語りを通して、鈴木氏の演劇思想から貴重な知見を得るこ
とができました。

　一つは、「不可解なもの」に対する個人の問いかけについてです。

　問いかけは元来個人のものであるが、ひとたび、それが言葉として発
せられるとそれは集団にとっての問いかけになるという考えです。

　算数授業の場に即して考えると、「問い」を出すのは個々の子どもで
すが、一人の子どもが自分の「問い」を言葉で表出すると、その「問
い」は、個としての「問い」にとどまることなく、集団にとっての「問
い」になるということです。私は、このことを算数授業において「問
い」を表出する意義の一つであると考えました。

　さらに、「問い」を言語化することには「人と人とが向かい合う」と
いう働きがあるということです。

　このことを同じく算数授業の場に即して考えてみました。

　「向かい合う」とは、一人の子どもが「問い」を発すると、その「問
い」を聞いた子どもたちは同じ磁場に立って、「問い」を媒体とし、対
峙しつつも互いに互いを認め合い、受け入れ合っていく関係になること
ではないか。緊張感と一体感のもとで、豊かな人間関係を生み出すこと
になるのではないかと。

　私は、「問い」に内在するこうした意義や働きに期待し、算数授業の
軸に「問い」を据えていきたいとの思いを強くしました。

4. 創造性理論

　創造性・創造力は、芸術、専門的研究分野や企業活動ばかりではなく、算数授業においても培っていきたい極めて質の高い学力ではないかと私は考えています。

　こうした創造性・創造力と子どもの「問い」との関係を考える時、私が注目したのは、以下に記す S. アリエティと高橋誠の創造過程に見られるように創造過程のプロセスの第一段階に「問題発見」、「問題設定」が位置付けられている点です。

〈S. アリエティの創造過程〉（アリエティ、1993）

① **問題発見**

② 課題形成過程（問題点を分析し、解決し得る具体的な課題にする）

③ 情報収集

④ 仮説設定（生じたひらめきを仮説に仕上げる）

⑤ 検証

〈高橋誠の創造過程〉（高橋誠、2002『新編　創造力事典』日科技連）

① **問題設定**：問題そのものが何なのかをはっきりさせる。

② 問題把握：その問題に関係のあるありとあらゆる事実を洗い出し、徹底的に分析する。そして、真の原因をはっきり捉える。

③ 課題設定：問題点をどういう方向で解決するか、解決すべき課題を決める。

④ 課題解決：解決策と課題を解決するための主要な解決目標をさがす。解決目標が決まったら、目標ごとにありとあらゆるアイデアを出し尽くし、それらを評価し、具体化を図る。

⑤ 総合評価：④の解決計画を検討評価する。評価は構想などの全体評価とともに、手順のチェックなどを細かく評価することが大切である。

　創造活動の主要な部分は、いずれも②以降ですが、それに先立ち「何が問題であるか、何を問題にすべきか」を明らかにすることが挙げられています。

それは、創造性・創造力の育成を大切にする算数授業においても、まず、子どもたちに「問題発見」、「問題設定」に相当する「問いの表出」を求めていくことの意義を示唆していると考えられます。

Ⅱ. 授業と授業観

　算数授業のあり方を論じようとする時、その前提として考えておかなければならないのは、そもそも授業とは何かということです。そして、授業は誰が行っても授業ですが、それぞれに、その様相を異にします。それは何故かということです。

1. 授業

　私は、これらの問いかけに答えるために「有機体」という概念の導入を試みました。(岡本、2011)

　有機体という概念は、無生物に対して生物の特性を説明するためのものです。すなわち、「形態的にも機能的にも分化した諸部分からなり、そして、部分相互のあいだ、および部分と全体とのあいだに密接な関連があって、全体としてまとまった統一体をなしているもの」(柳沢謙次、1991) と考えられています。

　さらに、有機体は部分に先立って全体があり、部分間の相互作用に先立って全体観念の形成があるとも考えられています。それは、有機体には各構成部分とその働きをコントロールし統一する全体観念が前提としてあるということです。

　有機体に関するこうした見解によれば、授業もまた一つの「有機体」と考えることができます。実際、授業は、次に記すように有機体としての特性を備えています。

　① 授業は、子どもの学習、教師の指導、教材、学習環境、学習規範など「形態的にも機能的にも分化した諸部分」から構成されている。

　② 授業を構成する諸部分は、それぞれ単独では機能せず、密接に関連し合っている。

　③ 一つひとつの授業の基底には、授業者あるいは教師集団の教育観

に基づく授業についての基本理念（全体観念）があり、それによって授業を構成する主要な要素、強く意識し意図する要素として何を選ぶか、それらの要素にどのような特性・機能を持たせるかが決められていく。

　すなわち、授業は、そのあり方全体を方向づける「基本理念」があり、その基本理念のもとに、相互に関連し合ういくつかの要素があって、それらの総体として構成されているものだということです。

　この場合、基本理念は授業のあり方に関して基本となる理念（Philosophy）であり、各要素は授業を進めるに当たっての方針、政策（Policy）と考えることができます。

2. 授業観・「私の授業観」

　授業を上述のように捉えた上で、次に考えるべきことは、授業は誰が行っても授業ですが、それぞれに、その様相を異にするのは何故かということです。その違いを明らかにするためには、授業を構成する要素の選定と、それらの内容の明示、顕在化が必要となります。ちなみに、私は、そうした要素として次の六つの事項を選定しました。

　　A：子どもの学習
　　B：授業の構成・展開
　　C：教材の選定・提示
　　D：教師の指導
　　E：学習規範の設定
　　F：学力の共通認識

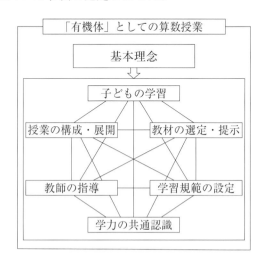

　右図は、その構成、構造を図解したものです。

　なお、授業の構成要素として選択する要素は固定的なものではありません。これらの六つの要素は、私が自らの教育観に基づいて、授業のあり方に大

きな影響を与えると考える要素として選定したものです。

　そして、これら各々の要素について、その内容を具体的に明示したものが**授業観**です。誰が行っても授業は授業でありながら、その様相を異にする最大の主たる要因は、この授業観の違いに起因すると考えられます。Aという授業者にはA*という授業観があり、Bという授業者にはB*という授業観があります。A*はAにとっての「**私の授業観**」、B*はBにとっての「**私の授業観**」といえるものです。

　こうした「私の授業観」の表出には、どのような働きを期待できるのでしょうか。私は、その効力を次のように考えました。

①　自分の授業をどのように展開していくか、どのようなことを大切にしていくかについての考え方を自ら明確に意識できるようになる。

②　授業実践の場において、子どもたちの学習活動や教師の指導に関して、その実相を「私の授業観」によって点検することができる。

③　授業が「私の授業観」通りに展開していないと判断した場合は、「私の授業観」に沿った授業にするために何をどうすればよいかを考え授業改善を行うことができる。

④「私の授業観」が子どもの実態と乖離したものであったと判断した場合は、「私の授業観」のどこをどう変更すべきかを考え、必要な変更（バージョンアップ）を行うことができる。

　「私の授業観」のよさは、繰り返しバージョンアップしていけるということです。授業改善に終わりはなく、「私の授業観」は、そのための具体的、実際的な視点を提起してくれるものなのです。

　なお、「私の授業観」がどのようなものであるかは、第2章の実践編で、各授業者が、それぞれの「私の授業観」を提示しておりますので参照してください。

Ⅲ．学級文化

1．文化としての学級文化

　O. F. ボルノーは、授業の場において、子どもたちが授業者の意思と願望に呼応しようとする雰囲気（気分）が醸し出されることの大切さについて、次のように述べています。（ボルノー、1997）

　「教育者と児童とが『ひとつの共通な包括的な気分』の中で相互に感情的に響き合う関係が生まれることこそ、教育の成功する前提条件である」と。

　この『ひとつの共通な包括的な気分』は、広義に解釈すれば教育の背景にある文化と捉えることのできるものです。

　こうした文化という概念を算数・数学授業の考察のための視点として持ち込もうとするときに最初に直面する課題は、文化とは何かということです。

　それは、次の T. イーグルトンの言にあるように、文化一般にしても特定の領域における文化にしても、その概念規定はあいまいなものだからです。

　「『文化 Culture』という言葉の意味範囲は、あまりに広すぎると同時にあまりに狭すぎるため、たいして役立ちそうもないと断定したくなる」（イーグルトン、2006）

　実際、多くの論文において用いられている「文化」の捉え方は多種多様です。しかし、それらを分析してみると、次の二つの観点に立った定義に大別することができるものでした。（岡本、2013）

　①　諸要素の複合体、総体としての定義

　　「文化とは、社会の構成員としての人間が獲得した知識や信念や芸術や道徳や掟や慣行やその他もろもろの能力や習慣を含む複合された総体である」（イーグルトン、2006）

「文化といえば、言語、宗教、地理的条件、階級などの要因によって類別されるグループの間で共有されている習慣、儀式、信念、道具、しきたりなどをさしている」（ビショップ、2011）

② **思考・行動様式、理解、解釈・意味づけの枠組みとしての定義**

「文化とは人間の知的な思考・行動様式である」（笹口、1997）

「教育文化とは、広く教育的営為を条件づけ、方向づける価値観や観念の一定のパターンを意味する」（住田正樹、鈴木昌子、2005）

「文化」とは何か、を考える場合、上の二つのタイプの定義から次のような事項を見取ることができました。

・文化とは、諸要素の複合体、総体である。
・諸要素は多岐にわたり、知識、信念、価値観、芸術、道徳、掟、慣行、しきたり、習慣、道具、儀式、および、思考様式・行動様式等が含まれる。
・それは構成員によって共有される必要がある。

以上のことから、「文化」という概念は次のように考えることができます。

　　「文化とは、社会、集団の構成員に共有される知識、信念、価値観、芸術、道徳、掟、慣行、しきたり、習慣、道具、儀式、および、思考様式・行動様式等の複合的な総体であり、そこでの営為を方向づけ、条件づける思考様式・行動様式、解釈・意味付けの枠組みである」

　　そして、学級文化は文化一般の特性を有しており、文化を考える場が学校の学級であるので、上記の概念規定に準じつつ、次のように考えることができます。

　　「**学級文化**とは、学級の構成員である教師と子どもたちに共有される価値観、知識、信念、態度、行動規範、および、そこでの営為を方向づけ、条件づける思考様式・行動様式、等の複合的な総体である」

ここで肝要なことは、学級文化としての諸要素が教師と子どもたちによって「共有される」ということです。それらが、学級としての『ひと

12

つの共通な包括的な気分』を醸し出すものになるということです。

2. 学級文化と「私の授業観」

　ところで、前述した「私の授業観」と上掲の学級文化は、どのような関係にあるのでしょうか、どのような関係として捉えればよいのでしょうか。

　一つの事例ですが横山剛志教諭の「私の授業観」（p. 142-143）（以後、「私の授業観 Y」）から、その関係を見てみます。

　「私の授業観 Y」には、学級文化の構成要素であり、学級として共有したい知識、価値観、信念、態度、行動規範、および、そこでの営為を方向づけ、条件付ける思考様式・行動様式等を意味する事項が含まれています。

　以下、私の判断で学級文化構成要素の観点別に当てはめることができると考えられる「私の授業観 Y」の中の事項を記してみます。

〈知識〉（次のような学力によって得られた「こと」や「もの」を知識としていく）
　・「問い」を生み出す力（F ①）
　・既習のツールを活用することによって、課題解決に当たる力（F ③）
　・自分の考えをわかってもらえるように伝える表現力、コミュニケーション力（F ④）
　・効率性や一般性の視点を持ち、より良い方法を見いだし創り上げる力（F ⑤）

〈価値観〉（次のような事項を価値あることと考え、大切にする）
　・算数・数学を創造する（基本理念）
　・算数・数学を創造したり、授業をよりよくしたりするのは自分たちであるという意識を持つ（A ②）
　・子どもと共に解決する「問い」を確認したり目標を立てたりする（B ①）
　・安心して表現できる雰囲気づくりに努める（D ①）

・話し合いの方向性を示したり、個々の考えや頑張りを価値づけたり、確認させたり、する（D④）

・ツール磨きをする（A⑤）

〈信念〉（次のような事項をかたく信じる）

・授業を通してよりよい人間関係を築く機会とする（A①）

〈態度〉（次のような態度を取り続ける）

・難しい問題であっても諦めない（A⑥）

〈行動規範〉（次のような行動規範を遵守する）

・互いの考えや思いを認め合う（基本理念）

・自分自身や友達の「問い」や考え、思いを認め合う（A③）

・一斉の場で教師が、話しすぎない（D3）

・話すときは、わかってもらおうとする気持ちで「〜でしょう？」「このままでいい？」というように短く区切り、かつ、友達に語りかけるように、そして、反応を確かめながら話す（E①）

・聞くときは、「今言ったところまでわかるよ」「この先どんな説明をするのか」とわかろうという気持ちで相槌や反応をしながら聞く（E②）

〈思考様式・行動様式〉（次のような仕方の思考・行動を行う）

・子どもの「問い」を軸とする（基本理念）

・算数・数学を創造したり、授業をよりよくしたりするのは自分自身であるという意識を持つ（A②）

・既習の内容を想起しながら考えを出し合い、受け入れようとすることで「問い」の解決を図る（A④）

・問題をよく読み、わかるところとわからないところをはっきりさせる（A⑦）

・解決に向けての見通し（ツール確認）をもち、自分の考えをつくる（B②）

・自分の考えを説明したり、友達の考えを聞いたりすることによって、「問い」の解決に当たる（B③）

・何を解決したのか、友達から何を学んだか、次にしたいことや新たな「問い」を明確にしたり、類似問題を解いたりすることで振り返

る（B④）
・子どもにとって切実感のある「問い」を引き出せるような課題提示
　を工夫したり、本時の授業の障壁を明らかにしたりする（C②）
・個々の考えや思い、つまずきなどを見取り、自分の考えを持てるよ
　うに支援する（D②）

　これらの学級文化の各事項と「私の授業観Y」の内容との対応から一
つの知見を得ることができます。
　それは、「私の授業観」には、学級文化の構成要素に対応する事項が
あり、「行為の在りよう」を提示している「私の授業観」と「場の在り
よう」を提示している学級文化とが多くの点で重なり合っているという
ことです。視点の違いこそあれ、「私の授業観」に込められた意思は、
その学級の文化、学級文化とみなすことができるということです。
　ただし、そうした判断をするためには、満たすべき要件があります。
それは「共有」ということです。学級文化としての「価値観、信念、態
度等」が授業者と子どもたちによって「共有」されなければなりませ
ん。また、子どもたちが授業者の「私の授業観」にある事項に呼応して
行動しようとする意思を持ってくれる必要があります。
　以上、事例として「私の授業観Y」に関する考察を行いましたが、第
2章の授業実践者の「私の授業観」と学級文化に関しても同様の関係を
見取ってもらえることと思います。

Ⅳ. 子どもの「問い」を生かす 授業の構成

　ここでは、子どもの「問い」を軸とした授業の実際について、その基本となる事項と、子どもの「問い」をもとにして、「問う」存在としての子どもが生きる授業を意図的、組織的に行っていくための5段階方式による授業の構想と構成について述べていきます。

1.「問い」と「学習主題」

　算数の授業に子どもの「問い」を組み入れていく際には、「問い」の特性を踏まえていく必要があります。子どもの「問い」だからといって、それらを逐一扱う必要はないし、扱うこともできません。子どもの「問い」を生かしながら、それを基に学級としての学習対象を設定していくための配慮と方略を考えなければなりません。

　そのために、私は、まず、「問い」と学級としての学習対象の関係、

視点		問い（Question）	学習主題（Theme）
行為の主体		子ども	子どもと教師の協働
本性・動因	発生・設定の本性	個人的・内的・主観的	社会的・外的・協定的
		恣意的・即時的	意図的・計画的
		探求的・希求的	創造的・構成的
	発生・設定の動因	個人の思想・哲学、関心、経験、知識等	学習内容の本質
特性	対象の特性	全般的（多様性）	集約的（一般性）
	思考の特性	拡散的思考	収束的思考
	解決の特性	連続的・螺旋的な連鎖	数学的な定式化
重要な方法論		教師による状況設定、情報提示等と、それに基づく「問う」機会の設定	「問い」を生かした数学的な追究対象の焦点化・明確化
		「問い」の分類・関連づけと共有	社会的（学級としての）承認

それぞれの特性、異同の捉え方を明確にすることを試みました。

　それは、学級としての学習対象を「学習主題」という言葉を用いて表し「問い」と「学習主題」の概念を明確にした上で、それぞれの特性、両者の異同、関係を前ページの表のように捉えることでした。

「問い」：教師から与えられた何らかの数学的情報、数学的状況、および展開中の学習活動の中から、子どもが自分の価値観、自分ならではの関心事、これまでの自分の体験、自分にとっての既有の知識などに基づいて自由奔放に発する疑問

「学習主題」：学習集団全体の承認を得つつ、子どもの「問い」の中に内在する数学の本質を焦点化し、それを明示した追究すべき学習対象

　こうした「問い」と「学習主題」の概念規定、およびそれらの本性・動因、特性等の様相は、「問い」と「学習主題」の意義とその扱いについて、次のような示唆を与えてくれました。

　①　「問い」は、その本性・動因、特性ゆえに誰でもが持つものであり、持つことができるものある。そして、それが教師によって奨励され、機会が与えられ、それを学習集団が認め合うならば、誰でもが表出することができるものである。

　このことは、見方を換えれば、教師が子どもの「問い」に価値を見いだすず、「問い」を発する適切な機会を設けなければ、子どもの「問い」は授業の中で日の目を見ることはないということを意味している。子どもの内に渦巻き湧き出るはずの思いは萎えていき、「問い」を持とうとする意思を消失していってしまうということである。そこにあるのは、「人間とは問う存在」であるという人間観を黙止する教師と子どもの姿である。

　②　子どもの「問い」がそのまま学習集団として追究していくべき「学習主題」になり得るとは限らない。単なる思いつきであったり、極めて私的な関心事に基づく「問い」であったりすることもあるし、個人的な「問い」であっても、数学の本質的な事項が内在している「問い」もある。

前者は私的で特殊性を持った「問い」、後者は個人的ではあるが普遍性のある「問い」といえる。従って、子どもの「問い」を授業に組み入れていく場合、その選別や選定が大切になる。それは教師の役割である。そこでは教師の数学観、数学の知識、数学的なセンスが求められる。

　さらに重要なことは、「問い」や「問い」が指し示す内容を「学習主題」としていくことについての社会的承認、すなわち学習集団としての納得である。ここでも教師による指導、適切な誘導がなければならない。また、それを受け入れ、生かそうとする教師と子どもの間の信頼関係が必要となる。

2. 子どもの「問い」の活用

　子どもたちは授業展開のいたるところで「問い」を持ちます。子どもの「問い」を生かす授業の基本は、授業者の判断で、その都度、それらの「問い」を受け入れ、汲み取り、生かしてあげることです。

　それは授業者と子どもたち、そして子どもたち同士での対話の中から生み出されることがあります。

　次に記す事例は、永田健翔教諭（静岡市立森下小学校）が行った3年「あまりのあるわり算」（第2時）の授業です（2020年実施）。

13 ÷ 4 の仕方を式や図やことばを使って考えさせた後で、授業は次のように展開されていきました。

C4：　4の段を使って、4個ずつが3人なので4 × 3 ＝ 12 あまり1を足せば元の13になるから、「3あまり1」です。

C5：　C4 に付けたしなんだけど、式にすると、4 × 3 ＋ 1 って考えたよ。

C：　　そうそう。（多くの子どもたち）

T：　　そんなやり方があるの？

C6：　図でかこってみたのと同じじゃん。

T：　　ちょっと待って。先生気付いたんだけど、今の考え方だった

　　　　ら、こんなのもいいんじゃない？

　　　　13 ÷ 4 ＝ 2 あまり 5　⇒　4 × 2 ＋ 5 ＝ 13

C：　（口々に）そんなの変だよ。

C：　計算は合っているけど。

T：　何が変なの？（ここで、グループごとの相談タイムをとる）

C7：　まだ＋5の5が分けられるからです。

C8：　まだ割れる！

C9：　できるだけ割らないといけないんだ。

T：　なるほど。では今日みんなで考える「なよマーク（☆）」は、
　　　このあまりについてかな？（この学級では、学習の「めあて」
　　　となる「問い」に（☆）を付けている）

**C：　そうそう、正しいあまりを求めるには、どうすればよいかを皆
　　　で考えよう！**

　この授業場面では、授業者と子どもたち、子どもたち同士の対話をも
とに、具体的事例に関する「問い」を生かし、それを一般性のある「学
習主題」に高めて、以後の授業を展開していました。

　こうした展開がなされたのは、永田の「私の授業観」のA②、B⑥
（p. 67 参照）によるものと解釈することができます。

A②：「問い」を追究していく中で、出てきた「問い」も取り入
　　　れ、つないでいく。
B⑥：子どもの「問い」や考えのズレについて課題解決するために
　　　学習問題を設定する。

　次のような授業事例もあります。

　この事例は、佐藤友紀晴教諭（静岡市立安東小学校、当時）による5
年「分数のたし算（異分母分数）」の授業で見られたものです（2014 年
実施）。

　「$\frac{1}{4} + \frac{1}{3}$ のようなたし算は、どうやるのか？」という学習主題
をめぐって子どもたちの話し合いが行われた。

その中で、一人の子どもから「分母をそろえればいいんだから、4の倍数と3の倍数を出すんだけど、その場合は4と3の最小公倍数の12を使って$\frac{3}{12} + \frac{4}{12} = \frac{7}{12}$になります」という意見が出された。この発言に「分母の異なる分数のたし算は、分母の最小公倍数を分母にすればよい」いうことでほとんどの子どもが納得し、それが学級としての結論になりそうになった。

ところが、一人の子どもが「ちょっと、今聞いていると、最小公倍数って言っているけど、最小公倍数でなくてもいいんじゃないですか？」という「問い」を発した。

この発言で、一度出た結論を白紙に戻す形での話し合いが行われ、「通分の本質は、分母を2数の公倍数にすることにあり、最小公倍数を使うのは方法論であり、それが最も簡単な方法であるところに価値がある」といったことが子どもの言葉でまとめられていった。

この事例では、教材の本質をつく一人の子どもの「問い」によって子どもたちの議論が活性化し、価値ある知見を生み出していきました。

こうした展開がなされたのは、佐藤の「私の授業観」のB③、E③（p. 110参照）によるものと解釈することができます。

B③：子どもに自分の考えを出し合わせ、お互いの意見を比較、検討させる。

E③：誰もが自分の意見を恥ずかしがらず、また間違えを恐れずに自由に言い合えるようにする。

なお、この場面では、通分とはどのような操作か、そこで最小公倍数を使うことの価値は何かということが「学習主題」となり議論が進められました。

上記の2例は、授業における子どもの「問い」の位置づけ、働きに違いはありますが、いずれもが、授業における子どもの「問い」の生かし方の事例と考えられるものです。

3. 5段階方式による授業

　ここでは、子どもの「問い」を基にして、その「学習主題」化を図り、「問う存在」としての子どもが生きる授業を意図的、組織的に行っていくための構想と構成について述べていきます。

　それは、以下に記すような五つのステージによる授業です。

ステージ１　教師によるオリエンテーション、動機づけとしての算数的活動等

　子どもが「問い」を持つためには、まず、そのための何らかの契機ないしは動因となり得る授業者からの情報提示や働きかけが必要です。それはまた、漠然としたものであったとしても、子どもに単元教材の基本的な内容を概観させ、これから始まる学習の全体的な構図の輪郭を思い描く機会を提供しようとするものでもあります。

　そのための方法は、以下に記すようにいろいろ考えられ、授業者自らの題材観や子どもの実態、題材の特性等に応じて適当と考えられる形態を選べばよいし、また、そのいくつかを組み合わせてもよいものです。

① 授業者が一つの導入問題を提示し、それを考えさせることを通して子どもに、その題材における中核的な課題が何であるかを意識させたり、最終的に創り上げていきたい算数の法則・規則や、習得したい知識、技能、考え方を直観的に把握させたりする。

② 子どもにその題材に関連する既習内容を想起させたり、整理させたりすることによって、そこでの問題点について考えさせる。

③ 授業者が、その題材の全体像について講話したり、その題材の中にある中心的な概念について簡単に解説したりする。

④ 子どもに教科書を一通り読ませ、自分なりに理解できるところと理解できないところ、納得いかないところを明らかにさせる。

ステージ２　子どもによる「問い」の記述とその共有

　第１段階での学習活動を踏まえて、この段階で行うことは、子ども一人ひとりを「問う存在」として生かしていくことであり、自己規制を排

し、他者の目にとらわれることなく「問い」を持ち、それを発信する機会を与えていくことです。

　そのためには、口頭ではなく、「問い」を記述させるとよいでしょう。

　「何か質問はありませんか」という授業者の問いかけに挙手し、口頭で「問い」を表出できる子どもは決して多くはありません。しかし、書き記すことには抵抗感が少なく、誰にでも容易にできることです。

　次に行うべきことは、個々の子どもが表出した「問い」を全員で共有することです。その場合、個人名を明示した一覧表をつくり、全員に配布することが望ましいでしょう。そうすることが、私的な「問い」を社会的な「問い」に変え、複眼的な視点で題材を捉えることを可能にしていってくれます。「こんな「問い」を持った人がいるんだ」という発見や驚き、「私と同じような「問い」を持った人もいるんだ」という確認や安心感を生み出していってくれます。

ステージ3　子どもの「問い」を基にした学級としての「学習主題」の設定

　算数授業において重要なことの一つは、学習集団として追究すべき学習素材を選定し、明確にすることです。このことは「子どもの『問い』を生かす算数授業」においても同様です。しかし、その場合、問題となるのは子どもの「問い」は個人的・主観的であり、恣意的・即時的であるという特性があるが故に、そのまま「学習主題」とすることができないものがあるし、数の多さ故に、そのすべてを「学習主題」として扱うこともできません。そこで、「問い」をもとにした「学習主題」の設定に当たっては、そのための適切な方略を考えていく必要があります。

　次に、そのための具体的な手順を記してみます。いずれも授業者と子どもとの協働によるものでありますが、それへの関与の度合いに違いがあります。

①　教師主導による「学習主題」の設定

　子どもの「問い」の中から算数として追究していく価値のある「問い」、題材の本質にかかわり、それへと発展していくと考えられる「問い」を教師の判断によって選定し、順次提示していきます。低学年で

は、この方法を取るとよいでしょう。

　なお、その場合は、授業者は次のことに留意し、そのための説明や誘導を行っていく必要があります。

　　・多くの子どもが、自分たちの「問い」の中から「学習主題」が選定され、自分たちの「問い」が生かされていると感じ取れるようにする。

　　・多くの子どもが、その「問い」を「学習主題」とすることを承認し、納得できるようにする。

　② 　子ども主導による「学習主題」の設定

　授業者は助言者、アドバイザーとなり、どのような「問い」を「学習主題」としていくか、どの「学習主題」をどのような順序で追究していくかという判断をし、決定していく過程を子どもたちの手に委ねます。中・高学年では、この方法を取ってみたいものです。

　次に、そのための手順を記してみます。

　ⅰ）各自の「問い」を適当な大きさの画用紙などに書き、それらを黒板に貼り、自由な話し合いによって類似した内容の「問い」を集め、グルプ化する。

　ⅱ）話し合いにより、各グループにタイトルをつけ、その中のどのような「問い」を「学習主題」としていくかを決める。

　ⅲ）話し合いにより、設定した「学習主題」を追究する順序を決めて、単元の学習計画を作成する。

ステージ4 「学習主題1、2、……」の協働的追究と解決、まとめ

　この段階での学習活動は、形態としては通常の問題解決学習として行われますが、それとの顕著な違いは、子どもたちにとって、なぜ、そして何のためにその「学習主題」を追究するのかといった追究の理由と目的とが明確であり、子どもたちが課題意識を持って問題解決を行っていくということです。

　「今日は、この問題を考えよう」と言って授業者が問題を提示する通常の問題解決とは大きく異なります。そこに見られるのは、「教師：問う人、子ども：答える人」という二分化された授業から脱皮しようとす

る授業の姿です。

（学習内容定着のための練習の機会は適宜設けることにします）

ステージ5　残された「問い」への対応と新たな「問い」の設定

一つのまとまりのある題材の学習を終えた後で、行うことができること、行いたいことがあります。

その一つは、第2段階で出された「問い」や追究過程で出された「問い」の中で、時間的な制約で扱えなかった「問い」や、上級学年・学校の内容であるため扱わなかった「問い」を生かすことです。そうした「問い」は、もはや授業における「学習主題」になることはありませんが、子どもの中では息づき続けている「問い」です。何らかの方法で生かしてあげたい「問い」です。それが中・高学年の場合は、子どもの自由意志でそれらの「問い」を個人として考えさせ、個人研究の形でレポートを書かせ、発表させてもよいでしょう。

またもう一つは、子どもから新たな「問い」を表出させる機会を設定することです。学習した内容をもとに、次にどんなことを考えたいかを「問い」の形で表出させることです。「子どもの『問い』を生かす算数授業」を継続していくと、授業者からの特別な働きかけがなくても、当然のこととして、子どもは、そうした「問い」を持つようになります。例えば、「分数のたし算」を学習した後には「分数のかけ算やわり算は、どうやるの？」、「分数・小数」を学習した後には「分数や小数以外の数ってあるの？」、「長方形の面積」についての学習の後には「もっと違った形の面積の求め方は？　円の面積も求められるの？」といった「問い」を持つ子どもが出てきます。「わかる」ということは、「わからない」ことが何かを考えることであるという学習習慣の成果が見えてきます。「問い」の連鎖現象です。

以上、5段階方式の授業展開の構成に関して、基本となる考えと方法を述べました。

5段階方式による授業の実際については、第2章で記した事例をごらんください。

〈付記〉

　本書では、カギかっこを付けた「問い」という表現を用いています。それには、それなりの理由があります。質問との差別化を図るためです。

　私は、次のように考えています。

　質問、「問い」は共に問いであることに変わりはありませんが、質問は「自分の中の空白部分を他者によって埋めてもらうために行う問い」であり、空白部分が埋められれば、それで終わります。

　一方、「問い」は「自分の中の空白部分を自分で埋めていくために行う問いであり、しかも、その行為に終わりはなく、一つの「問い」は次なる「問い」を生成していきます。「問い」の連鎖です。

　見方を変えると、質問は認知的な問い、「問い」はメタ認知的な問いということもできます。

【引用・参考文献】

S. アリエティ（1993）、加藤正明他訳『創造力　原初からの統合』新曜社

J. A. ビショップ、湊三郎訳（2011）『数学的文化化—算数・数学教育を文化の立場から展望する—』教育出版

O. F. ボルノー（1997）、森田孝訳『問いへの教育』川島書房、p. 181

T. Eagleton（2000）The Idea of Culture　大橋洋一訳（2006）『文化とは何か』松柏社、p. 77

J. レイブ、E. ウェンガー、佐伯胖訳（1997）『状況に埋め込まれた学習』産業図書

岡本光司・静岡中学校数学科（1998）『生徒が「数学する」数学の授業—わたしも「論文」を書いた—』明治図書

岡本光司・両角達男編著（2008）『子どもの「問い」を軸とした算数学習—明日の算数教育を拓く—』教育出版

岡本光司（2011）『有機体としての算数・数学授業論—子どもの「問い」を軸とした授業を事例として—』常葉学園大学研究紀要　教育学部　第 31 号

岡本光司（2013）『算数・数学授業における「クラス文化」と子どもの「問い」—文化の特性・働きに関する知見を基にして—』　全国数学教育学会誌　第 19 巻第 2 号

岡本光司・土屋史人（2014）『生徒の「問い」を軸とした数学授業—人間形成の

ための数学教育をめざして—』明治図書

佐伯胖（2002）『学びを問い続けて』小学館

笹口健（1997）『文化とは何か—知性の文化の発見—』日本図書刊行会

住田正樹・鈴木昌子（2005）『新訂教育文化論—人間の発達と文化環境—』放送
大学教育振興会

柳沢謙次（1991）「システムと有機体論と法の要素」『浜松医科大学紀要、一般教
育第5号』

第2章

子どもの「問い」を生かす 算数授業の実践

Ⅰ. 6年「分数のわり算」

落合 有紗

1.「私の授業観」と授業の構想・構成

　子どもの「問い」を軸とした算数授業を実現していくためには、岡本の提唱する「私の授業観」が深く関係しています。そこで、私は「私の授業観」を明示し、授業実践の場において、「私の授業観」がどこで、どのような効果をもたらすか、そこではどのような事項が機能したかを考察しました。

　私は基本理念を『子どもが自分で「問い」を持つことで課題を見つけ、自分たちでつくりあげる授業』としました。どうしてこの基本理念にしたかというと、授業はクラスに所属する子ども全員でつくるものであり、そのためには授業に参加している子ども一人ひとりが自分の考えを表出することが大切だと考えているからです。「私の授業観」を活用した算数授業の実践を行うことで、「問い」を軸とした算数学習の実現を目指しました。

　「問い」は既に子ども一人ひとりの中に存在していますが、子どもが自分で意識しないと気づかないものでもあります。一人ひとりが自分の「問い」を持ち、出し合うことで、学力に関係なくどの子どもも授業でつくり上げるるための重要な働きをすると考えます。

　本単元は「問い」を持つことで授業に参加し、協働でつくり上げる算数学習を実現するために、第1時では、自分たちで単元の学習計画を立てること、第2時、第3時では第1時に立てた学習計画をもとに、自分たちで「問い」を出し合いながら議論をすることを通して、算数ルールをつくり上げることを大切にしました。第2時、第3時でつくり上げたルールをもとに、第4時以降の学習も進んでいくと考えました。第8時では、分数のわり算の意味を深めるために、子どもたちが問題をつくった時にうまくいかなかったことを出し合い、どうしたらよいかみんなで

考えるようにしました。

2. 授業計画 （全10時間）

時	学習内容
1	学習計画を立てよう
2	分数÷分数（単位分数）の計算はどうやるの？
3	分数÷分数（単位分数ではない分数）の計算はどうやるの？
4・5	帯分数のわり算はどうやるの？
6	小数÷分数はどうやるの？
7	3つの分数の計算はどうやるの？
8	分数÷分数の問題をつくろう
9・10	練習・力だめし

3. 授業展開の実際

第1時　学習計画を立てよう

　本時は、「問い」を持つことで授業に参加し、協働でつくり上げる算数学習を実現するための第1時です。そこで、まず、既習の分数のかけ算を想起させ、それとの関連で分数のわり算について思いつく「問い」を一人ひとりで考えさせ、表出させました。

　これは、「私の授業観」のC②とA②を基とした展開です。

C②：単元の始めの活動を通して、子どものこれから知りたい「問い」を生み出していく。
A②：まず自分が課題に対してどう思うかを一人で考えてはっきりさせる。

　次の「問い」は、子どもたちが出したものです。
1　わり算でも分数の計算はできるの？
2　分母同士、分子同士で計算するの？
3　分数のかけ算と同じ通分、約分の仕方なの？

4 かけ算は使うの？
　分数÷整数の時は分母と整数をかけたけれど、分数÷分数は何を
　かけるの？

5 分母はそのままで計算するの？

6 どういう時に分数のわり算を使うの？
　分数のわり算はどんな問題になるの？

7 分母や分子同士でわり算してわれなかったらどうするの？

8 わり算を図で表すとどうなるの？

9 仮分数や帯分数でも計算できる？

10 約分してわれなくなったらどうするの？

11 わる数の分子がわられる数の分子より小さいけれど、計算でき
　る？
　わられる数がわる数よりよりも小さくてわり算はできるの？

12 $\frac{1}{6} \div \frac{1}{3} \times \frac{1}{4}$ のような、三つの式でも計算できるの？

13 小数と一緒に計算できるの？

14 わり算のきまりは使える？　わり算のきまりって何だっけ？

15 どうすればわられる数よりも答えが大きくなるの？

16 わり算でもかけることがあるの？

17 わり算でも逆数は使えるの？

　なお、子どもたちが自発的にこうした「問い」出した背景には、「私
の授業観」にＥ①、Ｅ②があったからであると考えられます。

Ｅ①：「わからない」ことが素直に言えるクラスの雰囲気をつくる。
Ｅ②：常に「？」を出す。

　その後、6人という少人数のよさを生かして、板書ではなく自分の
「問い」を付箋に貼り、6人で集まって話し合うという形でこれらの「問
い」を類型化し、自分たちがこれから取り組んでいきたいこととその順
番を決めました。その方がみんなでつくり上げる気持ちが高まると考え
たからです。
　これは「私の授業観」のＢ①によるものです。

B ① : 子どもの「問い」を生かす単元の流れを考える。

単元の導入時におけるこうした展開は、すでに前の単元においても体験してきています。本時においてもごく自然に各自が「問い」を出し合い、それを基に子どもたち自身で単元構成を行っていきました。

第2時 分数÷分数（単位分数）の計算はどうやるの？

第2時は第1時で出てきた「1. わり算でも分数の計算はできるの？」、「2. 分母同士、分子同士で計算するの？」という「問い」を生かし、「$\frac{2}{5} \div \frac{1}{4}$ のような計算はどうすればよいの？」を学習主題として授業を進めました。

本時は、「私の授業観」の A ③ と A ⑤ が最も強く表れていた授業でした。6人の子どもたち一人ひとりがさまざまな場面で「ここを知りたい、みんなに聞きたい」という思いを持ち、話し合いに参加していきました。

A ③ : 「ここを知りたい、みんなに聞きたい」という思いを一人ひとりが持って話し合いに参加する。
A ⑤ : みんなで算数ルールをつくり上げるために、それぞれの考えを出し合い、よさや大変さを議論する。

以下は、この主題について6人の子どもそれぞれが行った思考活動の様子です。

・C1、C2：式で、できそうなことをやってみて、分子同士、分母同士をかけて答えを $\frac{1}{10}$ と出しました。しかし、やり方が分数のかけ算と同じになってしまうことに気づき、このやり方だと答えがおかしいからどうしたらよいか考えていました。この児童は前の単元で学習した分数のかけ算のやり方と比べたことで、「分母同士、分子同士をかけていいのかな」という「問い」を持っていると感じました。また、答えが $\frac{1}{10}$ でよいか確かめるために、図でも考えようと試みましたが、図でのやり方はわからず、考えていました。

31

・C3：式で $\frac{1}{10}$ と答えを出した後、図で考えると $\frac{2}{20}$ になり答えがどちらになるのか悩んでいました。さらに自分で考えた図は÷4をしていることに気づき、÷ $\frac{1}{4}$ を図で表すにはどうしたらよいか考えていました。

・C4：式で考え、合っているのか間違っているのかがわからず、どうしたらよいか迷っていました。自分と同じ考えのA児の発表を聞いて、図で考えれば自分の考えがよいのか確かめられそうだという思いが生まれ、図はどうなるのだろうと考え始めました。

・C5：一人で考えていた時は複線図を用いて、×4をすれば答えが出ることを理解しており、自分の納得いく答えを出していたが、友達の話を聞いて自分の考え方以外にも他のやり方がありそうだと考え始めました。

・C6：一人で考えていた時に、分母と分子を入れ替えてかける方法も考えていました。C1が発表をした後に、根拠はないが、「とりあえず反対にかけてみたら、違う答えが出たよ。(この考え方も使えないかな?)」とみんなで分数÷分数の計算のやり方を考えるために、自分が思いついた新たな考え方を出しました。

　この時私は、授業中に出されたC6の発言を大切にし、全体で価値づけをしました。それは、「私の授業観」の中のA④によったものです。

A④：「こうやってみたんだけれど、これって何かに役立つかな」
　　　ということを出し合うことで、みんなで算数ルールをつくり
　　　上げていく。

　答えに自信がないことは子どもにとって言いにくいはずです。しかし、みんなで算数ルールをつくり上げるための、考えるもとになりそうなアイデアを出していくという考え方で、根拠がはっきりと言えないこともアイデアとして出させるようにしてきました。言いにくい考えが出せた時には大いに褒めて、クラスの中で大切にしました。このような経験を積み重ねてきたことで、「この考え方は何かに役に立つかな?」というような発言も出てくるようになり、その発言から新たな算数ルール

づくりとつながっていきました。

　本時では、「わる数を逆数にしてかける」という算数ルールをみんなでつくり上げた後で、最後にC6の考えにもどり、C6の考えとつくり上げた算数ルールとをつなげました。その後、C1が次のような「問い」をつぶやいたので、それを取り上げました。

> **C1の「問い」：「$\frac{1}{4}$ではなく$\frac{3}{○}$だったらどうやるの？」**

　C1の出した「問い」の扱いには「私の授業観」のA⑧、D④が表れています。

> A⑧：次につながる「問い」を出す。
> D④：本質に迫る子どもの発言を逃がさず取り上げていく。

　私は次時に分数÷分数（単位分数ではない）の計算の仕方を扱う予定だったため、C1がつぶやいた「問い」を価値づけし、C1の「問い」をそのまま次時の課題としました。
　以下は、「$\frac{2}{5} \div \frac{1}{4}$のような計算はどうすればよいの？」を学習主題とした本時の流れです。
　ここで大切にしたのは「私の授業観」のA⑤です。

> A⑤：みんなで算数ルールをつくり上げるために、それぞれの考えを出し合い、よさや大変さを議論する。

C2：　ぼくは図でやったんだけど、$\frac{1}{5} \div 4$の時にやったみたいに四つに分けてみたんだよ。でもこれだと$\frac{2}{20}$になってなんか、少ない気がする。

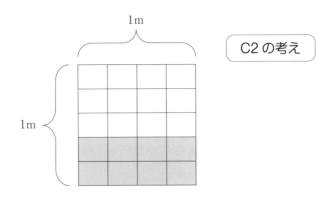

C3：　ぼくは式でやったんだけど、$\frac{1}{10}$ になったよ。でもこれだと分数のかけ算になっちゃう。

C3 の考え

$$\frac{\overset{1}{2}}{5} \div \frac{1}{\underset{2}{4}} = \frac{2 \times 1}{5 \times 4} = \frac{1}{10}$$

C5：　私も式でやって $\frac{2}{20}$ になったよ。

C（全員）：…

　話し合いは一人で考えていた時に思ったことを出し合うことからはじまりました。C1 ～ C3 の児童がそれぞれ課題に対する自分の考えを述べています。

（授業の続き）

T：　　今何に困っているんだろう？　★

T：　　（図も式もまだ「？」、を板書し）どっちから考える？

C4：　図からやりたい。

T：　　じゃあ図から考えよう。（「図でやると、どうなの？」を板書）

教師の板書

図も式もまだ「？」
↓
図でやると、どうなるの？

T：（問題を読ませてから）$\frac{2}{5}$ って何の数字？

C1： $\frac{1}{4}$ dL でぬれる面積。

C2： （図を塗って）これくらい。

C　（全員）：うん。

板書

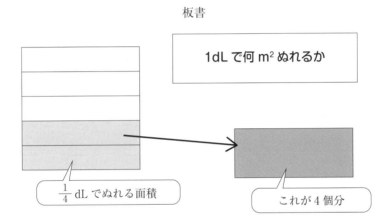

1dL で何 m^2 ぬれるか

$\frac{1}{4}$ dL でぬれる面積

これが 4 個分

T： $\frac{1}{4}$ dL でぬれる面積は（図を指して）これだけなんだね。（「$\frac{1}{4}$ dL でぬれる面積」という言葉を板書する。）今求めるのは？

C1： 1dL で何 m^2 ぬれるか。

C4： ってことは、$\frac{2}{5}$ が 4 個分ってこと？

T： じゃあ $\frac{1}{4}$ dL で、このへいどれだけぬれるの？

C1： 1dL で何 m^2 ぬれるか。

C4： ってことは、$\frac{2}{5}$ が 4 個分ってこと？

35

C6：　1dL $= \dfrac{4}{4}$ dL だから、（図の $\dfrac{2}{5}$ dL を指しながら）

これが四つ分ってことか。

板書

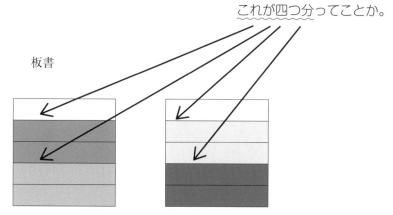

C1：　今求めたいのは 1dL で何 m² ぬれるかだから、（マスの図を二つ重ねて）全部でこれだけぬれるってことだと思う。

C5：　式で表すと $\dfrac{2}{5} \div \dfrac{1}{4} = \dfrac{2}{5} \times 4$ だ。

C6：　1dL で何 m² ぬれるかを求めたいから、$\div \dfrac{1}{4}$ を 1 にもどせばいいんだ。

$$\dfrac{2}{5} \boxed{\div \dfrac{1}{4}} = \dfrac{2}{5} \boxed{\times 4}$$

1L にもどす

C1：　答えは $\dfrac{8}{5}$ だ。

T：　　ということは、分数÷分数の計算はどうやればいいんだろう？

C（全員）：$\div \dfrac{1}{4}$ の時はわる数を逆数にしてかければできるんだね。

C1：　でも、$\div \dfrac{3}{\bigcirc}$ の時とかだったらできないのかな？

なお、授業中の教師の★の発言には、「私の授業観」のB④が表れていました。

> B④：つけたい力を念頭に置きながら、目の前の子どもの思考の流れにそって今みんなで考えることをクラス全員で共有する。

　はじめはほとんどの子どもが式で計算の仕方を考えていましたが、話が進むうちに、全体の意識が図へ向きつつあることを教師が感じました。そこで、教師は「今何に困っているんだろう？」と子どもたちに投げかけることで、子どもに自分たちがどこにつまずいていて、何から考えればよいかを考えるように促しました。子どもが自分が何につまずいているのかを考えるきっかけをつくったこの発問によって、話し合いの内容が図へ焦点化されました。

第3時　分数÷分数（単位分数ではない分数）の計算はどうやるの？

　第3時は、「私の授業観」のE②がよく表れています。

> E②：常に「？」を出す

C5： わり算はひっくり返すから、それと同じで考えてやると答えは $\frac{8}{15}$。

C2： 複線図で考えてみたんだけどね、（1の方を指して）こっちにかけるのはよくわからないと思ったから、$\frac{3}{4}$ を÷3して1回 $\frac{1}{4}$ に戻したよ。

T： （「$\frac{3}{4}$ を÷3して1回 $\frac{1}{4}$ に戻した」を板書し、それを指しながら）C2の言っていたこのことってどういうことなのかな？

C（C2以外の全員）： …（C2の言っていたことが）わからない。

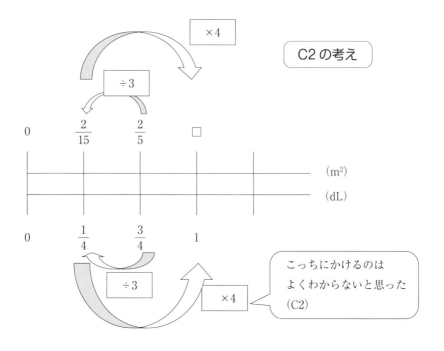

T： C2 の言ってた $\frac{3}{4}$ って何のこと？

C4： ぬれるペンキの量。

T： （図を指して） $\frac{3}{4}$ dL でどれだけぬれるんだっけ？

C1： （図を指して）これだけぬれる。

T： 今、 $\frac{3}{4}$ dL でぬれる面積がこれだけなんだね。（ $\frac{2}{5}$ m² を板書する）それで、C2 が言っていた「 $\frac{3}{4}$ を ÷ 3 して 1 回 $\frac{1}{4}$ に戻した」ってどういうことなんだろう？

C5： どういうこと？★

C3： よくわからない。

T： 今 C2 が言っていた $\frac{3}{4}$ って何のこと？

C6： ペンキの量。

T： $\frac{3}{4}$ dL でどれだけぬれるの？

38

C6： （図を指して）これだけ。

T： （$\frac{2}{5}$ ㎡を図から取り出して）$\frac{3}{4}$ dL でこれだけぬれるんだね。それを÷3するってC2は言っていたね。

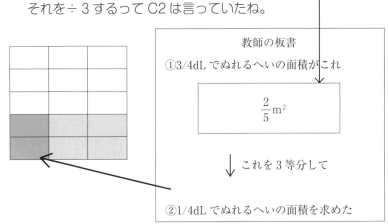

```
教師の板書
①3/4dL でぬれるへいの面積がこれ

        ┌─────────────────┐
        │                 │
        │      2          │
        │      ─ m²       │
        │      5          │
        │                 │
        └─────────────────┘

        ↓  これを 3 等分して

②1/4dL でぬれるへいの面積を求めた
```

C6： C2が言ってたのは、これを3等分して $\frac{1}{4}$ dL でぬれるへいの面積を求めたんじゃない？

C1： どういうこと？

C6： （取り出した $\frac{2}{5}$ m² の図を3等分して）これを3等分すると、$\frac{1}{4}$ dL でどれだけぬれるかがわかる。

C3： そこから1dLで何㎡ぬれるかを求めたんだ。

C1： $\frac{1}{4}$ dL でぬれるへいの面積を求めたら、求めたいのは1dLでぬれる面積だから、それを×4すればいいんだ。

T： 今出てきたことを式で表すとどうなるの？

C4： $\frac{2}{5} \div \frac{3}{4} = \frac{2}{5} \div 3 \times 4$

　特に★の「？」からは、C2以外は何をしているのかわからず、C2の説明の一文一文に「？」を持っていたことがわかります。C2は一つひとつの説明を区切りながら、何度も説明を繰り返しました。他の子どもたちは「C2の言っていることはどういうことなのだろう」、「÷3をするって図でいうと何をしているんだろう」ということを考えながら、C2の話を必死に聞いていた。常に「？」を出しながら、自分たちで分数÷分数のやり方のルールをつくり上げていきました。

第8時 分数÷分数の問題をつくろう。

本時は「私の授業観」のB②が特に表れていた授業です。

> B②：子どもが話し合いで深まっていく時に手掛かりとなる既習事
> 項を明確にしておく。

　この授業の目標は「分数のわり算の問題づくりを通して、わり算の意
味を深める」でした。本時では5年生の単位量当たりの大きさで学習し
た「1あたりやいくつ分を求める時はわり算になる」という知識が手掛
かりとなると考えていたため、単元を通して「1あたりやいくつ分を求
める時はわり算になる」ということを振り返させるようにしました。

C1：　私も面積の問題をつくってみたんだけどね、なんだかよくわか
　　　らなくなった。

> ┌─────────────────────────────┐
> 　　　　　　　C1 のつくった問題
> 面積 50m²
> この田んぼの $\frac{3}{5}$ m² に種を 19kg まきたい。
> 全体にまくには、何 kg 必要？
> └─────────────────────────────┘

C4：　図でやってみたら、どこを変えればよいかわかるんじゃない？
C1：　やってみたんだけど、1がよくわからなかったんだよ。（複線
　　　図を板書する。）

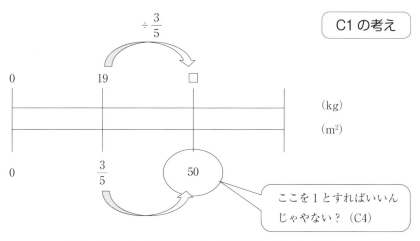

C1 の考え

1 がわからなかった（C1）＝50m² を 1 としたら？（C4）

T： （C1 の問題で）何を 1 としたらいいんだろう。

C2： 50m² を 1 として考えようとしているからよくわからないんじゃない？

C4： わり算は 1 あたりを求める計算だから、問題の 50m² を 1m² にすればいいんじゃない？

C6： 図をかくと（下の矢印を指して）ここが ÷$\frac{3}{5}$ になって、（上の矢印も）÷$\frac{3}{5}$ になるから、これでできるよ。

T： じゃあ、C1 の問題はどう変えればいい？

C4： □ kg のたねを $\frac{3}{5}$ m² の田んぼにまきます。1m² には何 kg まきますか？（T は板書）

C6： まだ C3 の作った問題が終わってないよ。

C3： ぼくは牛乳の問題にしたんだけど、これだとよくわからないんだよ。

T： どんな式にしたかったの？

C3： $3\frac{1}{2} ÷ \frac{2}{3}$

T： そうだったんだね。残り時間 5 分くらいです。どうする？

C2： 今日は黄色（まとめのこと）にいこう。次の時間に○○くんのも考えたい。

41

C4: 最初に○ m² で○ kg を書いて、そこから1あたりを求めるようにつくる。

「1 がよくわからなかった」と言った児童は、わり算は 1 あたりを求める計算であることは理解していますが、自分でつくった場面のイメージが湧いていませんでした。C1 の発言は「自分の作った問題の中で、わり算でいう 1 あたりはどこになるの？」という「問い」であると私は解釈しました。そこで、教師が「何を 1 としたらいいんだろう？」と投げかけることで、1 あたりを求めるにはどのような問題にすればよいか考えるようにしました。

子どもが話し合いで深まっていく時に手掛かりとなる既習事項を明確にしておくことで、単元を通して「1 あたりやいくつ分を求める時はわり算になる」という考え方を浸透させ本時で深めることができました。

本単元では、つくり上げることに重点を置いた単元計画を構想したため、時数の都合で新たな「問い」の設定と残された「問い」への対応については、授業では扱いませんでした。単元の終わりにどのような「問い」が残され、子どもが考えていくのかについては、今後の実践で取り入れてきたいです。

4. 本実践を通して

以上、「私の授業観」を明示し、それに基づいて授業を展開することがどのような効果をもたらしたかを考察してきましたが、考察の対象が 6 年「わり算」の単元のみであったので、そこから得られた知見には限られたものでありますが、以下、得られた知見の要点をまとめてみました。

なお、それぞれの効果の下に記したものは、そのために機能したと考えらえる「私の授業観」の事項です。

① 「問い」を出し合い、それを基に単元の授業構成に参画していく力が高まりました。

C②：単元の始めの活動を通して、子どものこれから知りたい「問い」を生み出していく。

A②：まず自分が課題に対してどう思うかを一人で考えてはっきりさせる。

B①：子どもの「問い」を生かす単元の流れを考える。

E②：常に「？」を出す。

② 一人ひとりが授業の中で自ら「問い」を持つようになりました。

A①：「問い」をもち、課題を解決する方法をみんなで考える。

A②：まず自分が課題に対してどう思うかを一人で考えてはっきりさせる。

C②：単元の始めの活動をとして、子どものこれから知りたい「問い」を生み出していく。

B①：子どもの「問い」を生かす単元の流れを考える。

A⑧：次につながる「問い」を出す。

E②：常に「？」を出す。

B②：子どもが話し合いで深まっていく時に手掛がかりとなる既習事項を明確にしておく。

③ 意見を出し合い、議論することを通して、自分たちで算数ルールをつくり上げていくようになりました。

A③：「ここを知りたい、みんなに聞きたい」という思いを一人ひとりが持って話し合いに参加する。

A④：「こうやってみたんだけれどこれって何かに役立つかな」ということを出し合うことで、みんなで算数ルールをつくり上げていく。

A⑤：みんなで算数ルールをつくり上げるために、自分の考えを出したり、友だちの考えを聞いたりする。

E②：常に「？」を出す。

④ 納得するまで追究する学び方をするようになりました。また、低学力の子も考えを出し合う場に参加するようになりました。

A③：「ここを知りたい、みんなに聞きたい」という思いを一人ひとりが持って話し合いに参加する。

Ａ⑤：みんなで算数ルールをつくり上げるために、それぞれの考えを
　　　　出し合い、良さや大変さを議論する。
　　Ａ⑥：算数ルールをつくり上げるために、それぞれの考えを出し合
　　　　い、良さや大変さを議論する。
　　Ｂ②：子どもが話し合いで深まっていく時に手掛がかりとなる既習事
　　　　項を明確にしておく。
　　Ｂ④：つけたい力を念頭に置きながら、目の前の子どもの思考の流れ
　　　　にそって今みんなで考えることをクラス全員で共有する。
⑤　課題を解決した後に、新たな「問い」を生み出す学び方をするよう
　になりました。
　　Ａ⑧：次につながる「問い」を出す。
　　Ｄ④：本質に迫る子どもの発言を逃がさず取り上げていく。

　「私の授業観」を明示し、それに基づいて授業を展開してきた背景全
般には「私の授業観」の中の「学習規範の設定」という要素の働きがあ
りました。
　本稿で考察を行った対象は、小規模校での授業実践であり、少人数だ
からこそ、思ったことが言いやすい環境にありましたが、「問い」を
持って授業に参加し、「問い」を生かし合う学習を積み重ねてこられた
のは「私の授業観」のＥ①やＥ④、Ｅ⑤が生かされていたからです。

> Ｅ①：「わからない」ことが素直に言えるクラスの雰囲気をつくる。
> Ｅ④：友だちの伝えたいことをわかろうとして聴く。
> Ｅ⑤：友だちにわかりやすく話す。

　これは、このクラスに岡本が論究した望ましい「クラス文化」が形成
されてきたことの成果であると考えられます。
　教師と子どもで目指す授業を共有し、つくり上げる授業を大切にして
いきたいです。

基本理念	子どもが自ら「問い」を持つことで課題を見つけ、自分たちで協働して算数をつくり上げていく授業
A. 子どもの学習	①「問い」を持ち、課題を解決する方法をみんなで考える。 ②まず自分が課題に対してどう思うのかを一人で考えてはっきりさせる。 ③「ここを知りたい、みんなに聞きたい」という思いを一人ひとりが持って話し合いに参加する。 ④「こうやってみたんだけれど、これって何かに役立つかな」ということを出し合うことで、みんなで算数ルールをつくり上げていく。 ⑤みんなで算数ルールをつくり上げるために、それぞれの考えを出し合い、よさや大変さを議論する。 ⑥みんなの考えをまとめ、新たな算数ルールをつくる。 ⑦話し合って考えたことをノートに書くことで自分のものにする。 ⑧次につながる「問い」を出す。
B. 授業の構成・展開	①子どもの「問い」を生かす単元の流れを考える。 ②子どもが話し合いで深まっていく時に手掛かりとなる既習事項を明確にしておく。 ③一人で考えている時は、子どもの実態に合わせて一人ひとりが「自分はどう思うのか」ということがはっきりするように声をかけていく。 ④つけたい力を念頭に置きながら、目の前の子どもの思考の流れにそって今みんなで考えることをクラスの全員で共有する。
C. 教材の選定・提示	①子どもが「知りたい、考えたい」と思うように、教材の提示の仕方を工夫する。 ②単元の始めの活動を通して、子どものこれから知りたい「問い」を生み出していく。
D. 教師の指導	①本時のみんなで目指すべき目標をはっきり示す。 ②子どもがこれから何のために話し合うのかをはっきりさせるための机間指導（わからないことをはっきりさせたいのか、自分の考えをもう少し深めるために自分と同じ考えの人を知りたいのか、他の考えを持っている人を知りたいのか） ③子どもの発言をつなぎ、ねらいに迫る板書にする。 ④本質に迫る子どもの発言を逃さず取り上げていく。 ⑤「自分はどう考えるのか」と子どもが考える場を設ける。 ⑥友達の話がよくわかっていなそうな子を見つけ、傍で一緒になって聞く。 ⑦発表する子どもが相手を意識したわかりやすい説明をしているか注意して聞く、できていない時にはわかりやすい説明の仕方を教えていく。

	⑧授業中に浮かんだ「？」はどんなことでもノートに書きためていく。
E. 学習規範の設定	①みんなで算数ルールをつくっていこうという意識を持つ。 ②「わからない」ことが素直に言えるクラスの雰囲気をつくる。 ③常に「？」を出す。 ④書くことを通して、自分の考えをはっきりさせる。 ⑤友だちの伝えたいことをわかろうとして聞く。 ⑥友だちにわかりやすく話す。
F. 学力の共通認識	①たくさんの問いの中から「問い」を選ぶ力 ②自分で「問い」を持つ力 ③「今自分はどう考えているのか？」と自分自身に問い、自分の考えをはっきりさせていく力 ④自分で追究し、考えを深めていく力 ⑤わかりやすく伝える力

Ⅱ．6年「比例と反比例」

永田　健翔

1．「私の授業観」と授業の構想

　本単元の授業は、岡本が提唱する子どもの「問い」を軸とした五つの
ステージに沿った授業です。また、授業構想を考える際に、その基底に
据えたのは次のような「私の授業観」における基本理念です。

　　子どもの「問い」を軸にし、子どもたちが主体的に考え、話し合
　い、解決していくことの楽しさ・達成感を実感できる算数授業

　この基本理念は、令和2年度に受け持つことになった6年生を念頭に
それ以前の「私の授業観」の基本理念をバージョンアップしたもので
す。

　こうした基本理念に沿った授業を行うための要件の一つは、そこに込
めた考えが子どもたちと共有されることです。

　そこで、子どもたちへの意識調査アンケートを行い、それを基にみん
なでわからないこと（「問い」：まよマーク）ややってみたいことを誰一
人置いていくことなく、解決していく授業を学級の目指す授業像として
掲げることにしました。そこには、わからないことを恐れずに自分のま
よマーク（「問い」）として表出し、友達のまよマーク（「問い」）に寄り
添い、誰一人置いていかないで一緒に問題解決していこうという気持ち
を大切にしたいという子どもたちの思いが込められています。私自身も
単元を通して、子どもたち一人ひとりの居場所と出番を大切にした授業
構想を考えていきました。

　本単元では、子どもたちの比例と反比例についての「問い」を軸とし
ながら授業を行い、伴って変わる二つの数量を見出し、比例・反比例の
関係に着目して「変化のきまり」や「対応のきまり」を考察して関数的
に考える力を伸ばせるようにしたいと考えています。子どもたちが比例

や反比例の関係の意味や性質について表や式、グラフを使って表現することで、比例や反比例の関係について理解を深め、変化や対応の特徴についてまとめていけるようにしました。

2. 授業計画

　本単元では、5段階方式による授業を行うこととし、各ステージの内容を次のようにしました。なお、ステージ4における学習内容は、子どもたちの「問い」を基に設定した「学習主題」です。

時	ステージ	学習内容
1	1.2.3	まよマークを出し合って学習計画を立てよう 〜比例って何だっけ？〜
2	4	比例の関係を詳しく調べてみよう！〜表を使って考えよう〜
3		比例の関係を式に表してきまりを見つけよう！ 〜決まった数を探せ！〜
4		これも比例しているって言える？
5		表以外でも比例に表せられる？ 〜比例をグラフに表して特徴を見つけよう！〜
6		比例のグラフの特徴を生かして考えよう 〜フェリーの船員になりきろう〜
7	4	人と動物の速さを比べることはできるかな？ 〜比例する二つのグラフを使って考えよう！〜
8		画用紙300枚を用意する方法を考えよう 〜生活に使える？〜
9		身の回りの比例関係を考えよう
10		比例以外には、どんなものがあるのかな？
11		反比例ってどんな特徴があるのかな？（考えづくり）
12		比例とどんなところが違うかな？
13		反比例の式とグラフに表して考えよう
14	5	今まで学習してきたことを使って考えよう（練習問題）

3. 授業展開の実際

ステージ1 教師によるオリエンテーション、動機づけとしての算数的
活動等

第1時 「比例って何だっけ？」

　ここでは、前学年の学習を振り返りながら、比例について学習してい
く準備をしました。子どもたちは比例とは一方が2倍、3倍と変化した
ら、もう一方の値も2倍、3倍になることであると理解していたので、
まだ比例について学習することがあるのかと驚き、どんな事象があるの
か「問い」を出す子もいました。子どもたちの話し合いが「比例」とい
う言葉だけで活発になったのは、比例の「変化のきまり」についての知
識を共有した上で、「変化の仕方が2倍、3倍以外にもあるの？」とい
う今まで学習してきたことを超えた「問い」を多くの子どもたちが持っ
たからだと考えます。

T：　みんな比例って何だったか覚えてる？

C：　なんか増えていくようなやつだった。

C6：　片方が2倍、3倍になるともう片方も2倍、3倍になる。

C28：ってことは分数も？　$\frac{1}{2}$ 倍とか。

C12：なる？　でもわかん
　　　ないよ？

T：　いいね！早速まよ
　　　マークが出たね！

C28 のまよマーク

C23：同じ数ずつ上がっていくでしょ？

T：　今日はね、あるグラフを持ってきた
　　　んだけど、どんなグラフの線になる
　　　か予想してみて！

C：　これは比例しているからどんどん同
　　　じように伸びていくでしょ。

C：　やっぱりまっすぐだわ。

C：　あれ、上がらなくなった？

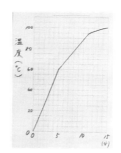

提示した温度上昇のグラフ

49

教師が、子どもたちへ「比例って何だっけ？」と投げかけるところから始まりました。既習の比例の数量の変化だけでなく、「比例する事象はどんなものがあるのか」「比例には他にどんな特徴があるのか」と比例の本質に迫る「問い」へつなげていくために温度の上昇グラフを提示しました。子どもたちが比例のグラフについて意見を出し合ったところで、ステージ2へ移りました。

ステージ2　子どもによる「問い」の記述とその共有

はじめに、子どもたちが先ほどの話し合いやグラフを見て、疑問に思ったことやモヤっとしたこと、改めて考えるとわからないこと等をワークシートに書いていくように指示を出しました。そして、その中で特に考えたい自分のまよマーク（「問い」）を短冊カードに書きました。（短冊カード以外の「まよマーク」も教師が集約して、子どもたちへ配付する学習計画プリントへ加えます。）その後、子どもたちは、自分の「まよマーク」（「問い」）に似ているものを交流する中で探し、仲間を集めていきました。子どもたちは、個々に一番考えたい「問い」を持っているので、主体的に交流することができました。さらに、交流の中で自分の「問い」を説明した時には、友達が共感してくれたり、寄り添ったかかわり方をしてくれたりするので、安心して学習する環境が整っていきました。交流後、全体の場でどんな「まよマーク」が持てたのかグループごとに説明しながら黒板へ貼っていき、それぞれ整理・分類して全体で「まよマーク」を共有していきました。

ステージ3　子どもの「問い」を軸とした学級としての「学習主題」の設定

次ページの表は、ステージ2の場面で子どもたちから出てきたまよマーク（「問い」）を整理・分類して、学習計画に立てたものです。子どもたちが自分たちのまよマーク（「問い」）から学習計画を立てたものなので、主体的に学習に取り組むことが期待できます。なお、子どもたちから生まれた「問い」だけでは、学習指導要領の学習すべき内容を網羅できない時があるので、その場合は教師からの課題を投げかけて考えて

させた時間もあります。

　学習計画を立てた後は、子どもたちへ配付した学習計画プリントを拡大したものを教室の側面にある算数コーナーの隣へ掲示しました。さらに、子どもたちがみんなで授業をつくり上げているという意識を持たせるために学習計画プリントや授業で使うワークシートには、誰が考えた「まよマーク」なのかわかるように名前を書きました。そうすることで子どもたち一人ひとりがクラスに所属する安心感を持ちながら、学習を進めていくことができると考えました。

	まよマーク（★）
2	$\frac{2}{3}$倍などの分子が1以外のものでもできるのか？ 整数以外の小数や分数でもできるのか？ 分数でも比例はできるのか？ 2倍3倍はあるけど、$\frac{1}{2}$倍$\frac{1}{3}$倍もあるのか？ 100倍などの大きい数もあるのか？ C3. 5. 6. 11. 12. 13. 16. 17. 20. 21. 25. 26. 28
3	比例かどうかをもっと簡単に見分ける方法はあるの？ 図にしなくてもわかる方法はあるのか？ C1. 2. 7. 15
4	比例の条件は何か？どういう時に比例するのか？　式がある？ 比例している時のきまりとしていない時のきまりはあるのか？ 表の規則の見つけ方は？ C6. 8. 17. 26. 28. 30
5	比例をグラフで表せるのか？表以外でも表せる？ 分数のときはどうする？ C6. 7. 11. 14. 15. 16. 17. 18. 20. 22. 23. 24. 25. 27. 30
6	線グラフでどうやって比例を求めるのか？　　　C24
7	比例を使って人と動物などの速さは比べられるのか？　　　C19
9	1からが最初ではなく、大きい数から1に向かっていく比例はある？ これまで図形の比例はなかったけどあるのか？ 身の回りの比例は何？　すべての単位でできる？（m、km、L等） C6. 12. 16. 28
10	比例はあるけど、比例していない時の名前はあるの？　　　C5. 10

11	反比例って聞いたことあるけど何？
12	比例と反対の比例ってあるの？
	一方が2倍、3倍の時、もう一方が $\frac{1}{2}$、$\frac{1}{3}$ はあるのか？
	片方が増えて、もう片方が減っていくことはあるのか？
	この表の名前は？（分数倍はかける？）
	逆からの比例はあるのか？
	×2、×3があるのが比例なら、÷2÷3は何？あるのか？
	C2. 4. 6. 7. 9. 10. 17. 18. 22. 25. 27. 28. 29
12	グラフで比例が $\frac{1}{2}$、$\frac{1}{3}$ などとわかるのか？（比例と反対の比例）
13	C18
14	練習問題

ステージ4 「学習主題」の協働的追究とまとめ

　本稿では、特に子どもたちの具体的な場面が見られた第2・11・12時の授業のみを記していきます。

第2時 「整数倍以外の小数倍や分数倍もあるの？」

　第2時では、水槽に水を入れる場面を設定して、表の中の数値 x が2倍3倍、……、になると、y の値も2倍、3倍、……、と変化しているから、この事象も比例の関係であることを押さえ、x と y の値の変化の仕方をさらに詳しくみていくことにしました。「2倍3倍のような整数倍以外もあるのか？」という子どものまよマークが出ていたので、比例にはそのような変化の仕方があるのかという課題を共有した後に、個人での考えづくりの時間を取りました。以下は考えづくり後の話し合いの様子です。

　　C27：小数倍でもできました。x が2から5までが2.5倍になっていて、y が8の時に2.5倍すると20になりました。

　　C28：僕も1.5倍できると思って、x が4から6で、y は16から24で出てきました。

　　C　：同じです。

　　T　：C さんどう？

　　C29：私は、x が5から1まで0.2倍になって、y も20を0.2倍す

52

ると 4 になりました。どうですか？

C： 逆もいけるのか！

C21：まだあるよ。2 から 1 まで 0.5 倍で 8 から 4 も 0.5 倍です。

　ここでは、子どもたちから x と y の変化が小さい値から大きい値への横の見方が多く意見として挙がっていました。しかし、逆に見ている児童がいたので、教師から意図的指名で他の見方もできることを広めようと手だてを講じました。

T： 比例には、小数倍もありそうなことが見えてきたね。

C22：私は、x が 6 から $\frac{1}{2}$ 倍すると 3 になって、y も 24 から $\frac{1}{2}$ 倍すると 12 になるので、分数倍もあると思いました。

C28 の考え

C： 俺、分数倍は見つけられなかったー。てか、分数じゃなくてもよくない？

T： 面白いね。分数倍もあったけど小数倍だけでいいってことだね。分数倍って必要なのかな？

C： 小数倍だけじゃだめじゃない？

C： なんで？

C28：例えばさ、x が 3 から 1 の時だと 0.333……ってずっと永遠に続いていく時とか表せないじゃん。そういう時は分数倍の方がいいかもね。

C： たしかに……

　ここは、「別に分数倍じゃなくてもいいんじゃない」という子どもらしいつぶやきが出てきた場面です。何気なくつぶやいたまよマークが、立ち止まって考える場面につながったのです。子どもたちにとっては、何となく小数倍もあって、分数倍もあるだろうという思いが多かった中

で、立ち止まって考えるきっかけとなりました。小数倍と分数倍が比例でもあり得ることを実感していく中で、また新たにまよマークが出てきました。xの値が1からの変化の割合は、つまずくことなく求めることができましたが、4から6や6から3のように途中から変化する割合を求めることに納得できない子が何人かいました。「$\frac{1}{2}$倍ってどうやって出しているの？」というつぶやきから、わかっている子たちが困っている友達のまよマーク（「問い」）に寄り添い、立ち止まってみんなで解決していけるようにする様子が見られた場面です。

C23：んー、$\frac{1}{2}$倍ってどうやって出しているの？

C：　6から3だから$\frac{1}{2}$でしょ？

C：　なんかこんがらがってる？

C：　俺もそう言われると微妙かも。

T：　みんなはどう？

C：　いけるよ！

C6：　ちょっと相談したい。

T：　まだいるかな？少し考えてみよう。

$\frac{1}{2}$倍ってどうやって求めることができたのか？というまよマーク（C23）

～相談タイム～

C17：6から3に何倍になっているかというと、6×この何かをかけたら3になるってことだから、ここのわからない部分を求めるには、この3に3÷6をして、$\frac{1}{2}$倍ってことがわかると思います。

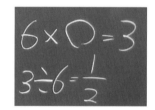

C17の考え

C：　同じです。

C：　わかった！わかった！

C28：前に出ます。付け足しで、さっきC17さんが3と6でやってたので僕もそれを使っていうんですけど、3÷6っていうのは、矢印のもとになる、もとと先があるんですけど、もとが1

と考えると６が１になるのはわかりますか？

C： はい。

C28：そしたらここの３は、１のなんかを求めるんですけど、１とした とき、比べられる数が何になるのかのときに比べられる数÷ もとになる数で倍率が出たこと覚えていますか？なので３÷６ でいいと思います。

C23：納得したわ！

C：なんか４年のときにやったかも！

　第２時では、比例している時は、整数倍以外にもあるのかというまよ マークを考えてきました。何となく小数倍と分数倍があることに気づき ながらも、友達の考えを聞いたり、話し合いをしたりしてなぜ比例の変 化の仕方や小数倍や分数倍が成り立つのか解決できた時間となりまし た。

第11・12時 「反比例って聞いたことあるけど何かな？〜どんな特徴 があるのかな？〜」

　第11時に反比例の特徴について表、式、グラフから考えづくりを行 い、第12時で発表していく中で比例と比べながら反比例の特徴につい てまとめていきました。第11時とありますが、実際は0.5時間の扱い で個人での考えづくりを行いました。この時間は友達と相談することな く、問題と向き合いじっくり考える時間として確保しました。教師は、 事前に子どもたちに考えづくりを行わせることで、子どもたちの考えを 把握することができます。そうすることで、子どもたちのまよマーク （「問い」）を登場させたり、立ち止まって考えさせたい場面等で意図的 指名をしたりして、話し合いを進めていくことができました。教師が子 どもたち一人ひとりの授業後のゴールの姿をイメージできるよさもあり ます。

T： まよマークからいきま しょう。

x(cm)	1	2	3	4	5	6	10	20	30	40	50	60
y(cm)	60	30	20	15	12	10	6	3	2	1.5	1.2	1

x の値 20 〜 60 の時の y の値の求め方（C14）

C14： 1 から 10 まではわかったけど、四角のところがわからない。

C： あー。

C6： 今までは、0 を通って、右上に進んだけど、反比例のグラフは違うから書き方がどうかな？

C20： 前に出ます。反比例の式がこうなると思ったけど、どうですか？

T： 他にまよマークある人いますか？

C18： どんなグラフになるのか？

C11： 一応書いたけど、今までだったら右上に一直線だったけど曲線みたいになっていたからなんでかな？と思った。

C17： 比例はグラフがどんどん上まで続いて、最大ここまでってなかったけど、反比例の最大があるのかな？

C： あー、たしかに。

0.5 時間の考えづくりからまよマークを持っている子が何人かいました。そして、授業開始時には以下のまよマークが挙がりました。

・x が 10 の時の y の値は分かったが、それ以降の y の値は？

・反比例のグラフってどうなる？

・反比例の式ってどうなる？

・一直線でじゃなくて曲がっているようだけど、それでいいの？

・比例はずっと値が続いたけど、反比例は最大の値とかあるの？

T： なるほどね。いろんなまよマークが出てきたけど、話し合いの中で解決していきましょう。

C3： C20 さんのまよマークで、y = 60 ÷ x で、自分もなんとなく似てて…

T： あ、提示しながらやってみて！

C3： 自分は y ＝決まった数 ÷ x にしました。で、その決まった数を求める式が y × x だと思います。そこまでわかりますか？

C： はい。

C3 ： 実際にやってみるとyが
　　　60でxが1だったので
　　　60×1で60だったので、
　　　30×2をしても60になっ
　　　たので、C20さんが言っ
　　　たやつ60は決まった数は
　　　60だと思います。

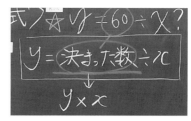

C3とC20の考えがつながった

C ： いいと思います。

T ： あーここがつながっているんだね。表はどうかな？

C29：前にでます。私は、C14さんのまよマークでまず2で考えた
　　　ときにxが2倍増えると、yは逆に減ることになっているの
　　　で、1に2倍すると2になって2倍すると減ることになって
　　　いて÷2をすると60になると思います。10にするときは1
　　　に×10をしたから60にわる10すると答えが求められると
　　　思います。

C ： 同じです。

T ： そうすると表の方が埋まりそうだね。

C4 ： 私は10のときにxから10倍しているので、反比例はxが例
　　　えば10倍したときにyは$\frac{1}{10}$倍になることはわかりますか？

C ： はい。

C4 ： なので60×$\frac{1}{10}$のかけて6になりました。そうやっていくと
　　　このようになりました。どうですか？

T ： この変化のことからわかったことがある人いますか？書いた人
　　　いたよね？

C24：横の長さが2倍3倍すると縦の長さも$\frac{1}{2}$倍$\frac{1}{3}$倍になります。

C ： わかりました。

T ： ここまでは前回のことが言えるんだよね。

C ： はい。

C27：xが2倍3倍になるとyが$\frac{1}{2}$倍$\frac{1}{3}$倍になるので、逆数の関
　　　係になっていると思います。

C ： あー！いいと思います。

T： どうなってる？反応薄いから、隣の人と確認しよう。

C： なっているよね？

T： 今みんな逆数の関係になっているって言ったんだけど、また新しいことを見つけた人がいるんですよ。C9さん。

C9： C24さんと逆でxが $\frac{1}{2}$ 倍になると、yが2倍になる。

C： あー。本当だ。いいと思います。

T： 隣同士確認してみよう。

C： 本当だ。

T： C9さんの意見が出たんだけど、ここのことで説明できる人いますか？

C12： 前に出ます。C9さんのやつを使うと× $\frac{1}{10}$ になってyの方では10倍になると思います。

C： いいと思います。

T： すごいね。新たなルールが見つかりましたね。まさに逆数の関係が使われているんだね。

　反比例の変化の仕方について、子どもたち同士が自分の言葉で説明したり、聞いたりすることで理解が深まる場面でした。逆数という言葉が出てきた時に、表を確認することで値の変化の仕方について納得することができました。事前に子どもたちの考えを把握していたので、表の値の変化を「xが2倍になると、yは $\frac{1}{2}$ 倍になる」と考えた子が多かった中で、唯一表の値の変化を「xが $\frac{1}{2}$ 倍になると、yは2倍になる」と逆で見たC9の考えを意図的指名することで、子どもたち同士の考えをつなげ、子どもたちが立ち止まって考えることができました。

C19： 小さい数がxのときは……

T： みんなわかった？

C： もう1回言ってください。

C19： 小さい数がxのときにはyは大きくなっていたけど、逆に大きい数がyのときは、xが小さい数になるんだと思います。

C： あー、わかった。

T：　C19 くんの言葉説明できる人いる？ C26 くんも言ってたよね？

C26：x の長さが……y の長さは x が増していくと、伴ってなる……

C：　もう 1 回いってください。

C26：x の長さは増していくけど、y の長さは x が増していくと伴ってその分減るんだと思います。

C：　あー。わかった。そういうことか。

T：　他にどうかな？自分の言葉でどうかな？ C17 さんも良いこと書いてたよね？

C13：横の長さが 1、2cm 増えると面積が 60 平方 cm だから、x と y をかけると 60 になるように、y は減っていくんだと思います。

必ず x × y で面積 60 平方 cm になるという
考え（C13）

C：　あー。本当だ。たしかに。（近くの人で確認始まる）

　子どもたちの中には、自分の意見と似ている意見が出てしまうと聞き手にまわって友達に任せてしまう子もいました。しかし、私は学級で掲げた授業像にある「みんなで」「誰一人置いていくことなく、問題解決していく」ことから、一人ひとりにどこかで活躍できる場をつくりたいと考えていました。新しい考えではなくても、自分の言葉で説明することで学びの実感が持てると考えているからです。ここでは、「x が増えると y の値が逆に減っていく」という子どもの意見に「長さ」という用語、「面積 60 平方 cm になるように」という説明が加わり、理解が深まった場面です。

T：　みんなが納得できたところで、グラフの方も考えていこう。

C17：表にかいたものをどんどん点をつけていくと曲線みたいな形に

あると思います。

C：　同じです。

T：　みんな曲線って何？

C：　曲がった線のこと！

C30：前に出ます。ペン使っていいですか？

C：　ん？　あー

C：　ギリギリ足りない！

C30：このグラフに半分に折ると 60 平方 cm になることがわかります。

C29：このグラフから見て、急になっているんですけど

T：　さして、さして。

C29：あー、最初の方は急になっているけど、後からゆるやかになっています。どうですか？

C：　あー。

C17：多分この点をつなぐと、みんなはカクカクした感じになると思うんですけど、ここまでわかりますか？

C：　はい。

C17：なぜカクカクしたものじゃなくて、曲線になるかというと、カクカクしたやつだと急に変化したりするから、曲線にすると数のつながりがでるので、曲線だと思います。

C：　へー、いいと思います。

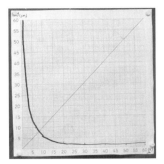

反比例のグラフが曲線であるという考え（C17）

T：　実は、C17 くんが言ったやつは詳しくは、中学の数学で勉強します。

小学校までは点でかくまででいいんだけど、中学校ではだんだんこのように曲線になるところまでやるんだよ。

C：　おーそうなんだ！

C30：C29 さんがさっきだんだんゆるやかって言ってたんですけど、

　　　　xが1のときyは60ってわかりますか？で、xが2になった
　　　　ときに縦がyが30cm縮んでいるってわかりますか？それが
　　　　xが30下がっているってことなんですけど、そこからこっち
　　　　が1から2になると$\frac{1}{2}$倍なんですけど、2が3になるときは
　　　　$\frac{3}{2}$倍になることはわかりますか？　じゃあここが2倍じゃな
　　　　いことはわかりますか？　3から4は1より$\frac{4}{3}$倍で、最初2
　　　　だったら、xが1上がったときの倍率がどんどん低くなってい
　　　　くことがわかりますか？最初2だったのにだんだん1に近づ
　　　　いていってるんですけど、分かりますか？　なので、ゆるやか
　　　　だったのは2倍に等しくて、ここの急な部分が1に近づいて
　　　　バランスが取れなくなっている状態だと思います。

C：　　あー、はじめと終わりのとこが、急ってこと？

T：　　なるほど、表からもわかるってことだね。まだグラフの特徴を
　　　　見つけた子がいたよね？C22くんC21さんどうかな？

C25：0の点からと通っていないと思いました。

C2：　ほとんど一緒なんですけど、比例のときは一直線とかきまりが
　　　　あったけど、反比例は0から通るというきまりはないんだと
　　　　思います。

C5：　前にフェリーのときはじめてグラフをやったんですけど、比例
　　　　のグラフは必ず0の点を通るっていうのがきまりだったけど、
　　　　反比例のグラフは0を通らないから比例のグラフじゃないの
　　　　かなと思いました。

T：　　0を通らないってことは、0から通るとどういうことが起き
　　　　ちゃうのかな？　xが0だったらどうなるでしょうか？

〜相談タイム始まる〜

C28：0の点になるっていうことは、x×yが0になるっていうこと
　　　　わかりますか？

C：　　はい。

C28：x×yの数値は全部のときの決まった数なので、x×yが全部
　　　　0だから、ただの小さな点なる。

C：　　んーなんとなく、どんな感じになるのかな？

61

T： ちなみにこんな感じになっていきます。

C： あー、そういうことか。

C： だんだん変わっているね。

C12：面積はいつも60cm^{2}だもんね。

C：たしかにー。

表をもとに横1cm、縦60cmの面積図から横60cm、縦1cmの面積図へ変わっていったものを提示した。

　C5が比例のグラフの特徴を振り返り、改めて今回の事象と違うことを全体に向けて投げかけた場面です。教師が「0を通るとどういうことが起こるのか、xが0だったらどうなるのか」問い返すことで図や数値だけでなく、具体的な場面をイメージできるようにしました。教師が今回の事象の面積図を提示したことで、C13が発言した「決まった数が面積60平方cm」という考えともつながり、視覚的にも確認することができました。

T： ここから反比例の特徴をまとめていこう。

〜相談タイム〜

C24：比例はxもyも同じように2倍、3倍だったけど、この表からだとxが2倍3倍になると、yの値は逆数って出たけど、$\frac{1}{2}$倍、$\frac{1}{3}$倍になる。

C25：はい！式からで、60が決まった数ってわかったからy＝決まった数÷xになります。どう？

C： いいよ！

C26：直線じゃない！

C27：付け足しで、比例みたいにずっと続く直線じゃなくて、0を通らないで曲線になると思います。

　この授業では、反比例の特徴について表や図、式の三つのツールを

使って考えました。同時に三つのツールを扱った理由は、反比例の数値の変化の仕方について説明する時に数字だけの説明にならないようにすること、それぞれがどのようにつながっているのかということを子どもたちが気づき、実感してほしいと考えたからです。そのために子どもたちの考えを把握したり、板書の整理の仕方を確認したりして、子どもたちの思考がつながるように授業のシミュレーションを何度も行いました。

ステージ5　新たな「問い」の設定と残された「問い」への対応

　単元終了後に「比例と反比例」の振り返りと自己評価を行いました。ここでは、単元のはじめに生まれたまよマーク（「問い」）や授業後の振り返りで単元を通して学んだことや気づいたこと、新たに浮かんできたまよマーク（「問い」）について一人一枚のレポートにまとめさせました。レポートを書くことを通して、自分が単元で学習してきたことを振り返り、どんな学びがあったのかを整理していくことができると考えたからです。

　また、子どもたちはまよマーク（「問い」）を解決していくことで、改めて、それが自分たちの学びにつながっていくことを実感し、まよマーク（「問い」）を表出することの良さや意味を感じ、次の単元でもまよマーク（「問い」）を大切にして考えていこうという姿勢を育てていくことができます。

　以下は子どもたちのレポートの一部です。

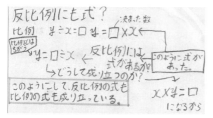

比例の式から反比例にも式があるのではないか？のまよマークを解決したC18

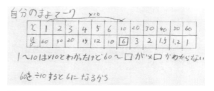

第12時で表の値の求め方のまよマークを解決したC14

63

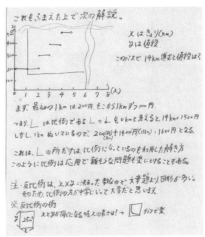

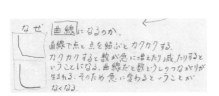

なぜ反比例のグラフは曲線になるのか
を考えた C17

比例を応用した問題の解き方を考えた
C28

・反比例のときに「$\frac{1}{2}$倍や$\frac{1}{3}$倍はあるのか？」「グラフが曲線なの
　はなぜか」や比例を求める時の「グラフのかき方は？」等、自分の
　まよマークを発信して授業に出すと解決することができた。自分の
　わからないことを出して、みんなで考えたらわかるようになった。
　（C11）
・まよマークを発信することで授業が盛り上がったり、みんなで深め
　合うことができたからよかった。（C2）
・何倍かを求めるときにまよマークを出してくれた子がいたけど、答
　えだけわかっていればいいと思っていたけど、問題の答えだけをさ
　がすんじゃなくて、それを解きながら意味を考えることって大切だ
　なって思った。（C30）

　単元終了後に自分たちの掲げた授業像「自分たちでわからないこと
（まよマーク）を出し合って、みんなで考え、納得して解いていく授業」
についてアンケートを取りました。
　・今までの授業にないまよマークを足した授業は自分で納得しなが
　　ら、学ぶことができました。（C11）

- 友達がまよマークを出してくれると、たしかにわからないかもというのが出てくるときがありました。(C12)
- 今までだったらわからない問題もそのままにしてしまったこともあったけど、まよマークを出すことで自分のわからないことをそのままにしないで、一つひとつ解決していったのでわからないまま進むことがなくなった。(C13)
- 一人ひとり大切にすることができ、誰も置いていくことがなく授業ができたと思う。まよマークをみんなで解決するから。(C20)
- すごくよかった。まず、まよマークを出すことで一人ひとりが考えて解決し、納得すればすっきりするからよい。反応することで発表する人も安心するのでいいと思います。(C27)
- みんなのまよマークを初めに書いたり、発表したりすると自分で見つけられなかったまよマークが解決できるから、わからないことがなくなってすっきり解決できた。(C30)

4. 本実践を通して

　子どもたちは「わからないこと」に対して悲観的なイメージを持っていました。しかし、岡本が提唱する「問い」を「まよマーク」という言葉で表出させ価値づけることで、子どもたちの中で「分からないこと」が「解決したいこと」に変わりました。子どもの「問い」を軸とした授業をつくり上げるということは、子どもたち自身で自分たちの「問い」を解決していき、授業をつくり上げていくことです。その学習過程の積み重ねによって、子どもたちは主体的に学習に取り組めるようになりました。子どもたちが「問い」を受け入れることができたのは、自分の「問い」に対して共感されたり、解決できるように友達が一緒に考えてくれたりする経験を味わうことで、「問い」を発信することの良さを実感したからだと考えます。

　子どもの「問い」を軸とした5段階方式では、子どもたちの「問い」を生かし、単元全体を通してその解決に当たっていくので、どの子にも活躍する機会があります。毎時間、今日の授業で誰の「まよマーク」が

登場するのか楽しみにしていました。授業を終えるごとに友達の困り感のある「問い」に寄り添えるようになり、子どもたち同士で「どこまでわかった？」と自然と話し合いが始まり、みんなで解決していこうと意識も強くなりました。周りの友達の様子に合わせて、何となく流していた内容も立ち止まって考える機会が生まれ、なぜそうなのかと考えようとする子が増えました。みんなで解決していこうという雰囲気ができたので「問い」に対して解決できた子が、みんなが納得できるように説明するようになりました。

　今回は、「比例と反比例」の実践ですが、単元ごとに「問い」を軸とした授業を行っていくと、私たちの学級で目指していた「みんなでわからないこと（「問い」：まよマーク）ややってみたいことを誰一人置いていくことなく、解決していく授業」に近づけていくことができます。これから出会う子どもたちとも、「子どもの「問い」を軸とした算数学習」を一緒につくり上げていきたいと思います。

○基本理念 子どもの「問い」を軸にし、子どもたちが主体的に考え、話し合い、解決していくことの楽しさ・達成感を実感できる算数授業	
A：子どもの 　学習	子どもの「問い」から始まり、子どもたちが主体的に関わり合い、考えをつなぎ合わせながら、「問い」を解決していく学習 ① 単元のはじめの「問い」（まよマーク（☆））を解決できるようにする。 ② 「問い」を追求していく中で、出てきた「問い」も取り入れ、つないでいく。 ③ 困っている人を置いていかないで、子どもたち同士で解決し合いゴールへ向かう。 ④ 授業後に学習したことのまとめを書き、振り返りカードで学習内容が身についたか自分の達成度を確認する。
B：授業の構 　成・展開	① 単元で子どもたちに何を学ばせたいかを明確にして課題提示する。 ② 子どもたちから「問い」を出し合い、単元で学習したい、解決したいことを単元計画に取り入れ、「問い」を共有する。子どもたちから「問い」を出し合い、単元で学習したい、解決したいことを単元計画に取り入れ、「問い」を共有する。 ③ 子どもたちの目指す姿に応じて教師から提示する「問い」も単元の中で扱う。 ④ 課題に対する自分の考えを持たせる。（「問い」も含む） ⑤ 子どもたちの考えを出し合い、お互いの考えについて比較、検討する。 ⑥ 子どもの「問い」や考えのズレについて課題解決するために学習問題を設定する。 ⑦ 学習問題に対して相談タイムを取ってから再考し、自分の考えを持つ。 ⑧ 子どもたちの発見や考えからルールをつくり上げる。 ⑨ 単元終了後には、単元はじめの「問い」を自分の言葉で振り返ったり、まとめたりする。 ⑩ 既習事項を使い、練習問題に取り組みさらに「できた」「わかった」を実感する。
C：教材の選 　定・提示	① フラッシュカードの提示や身近な事象を紹介しながら、子どもたちから教材の本質にかかわる「問い」を引き出せるようにする。 ② 教材で子どもたちに何を考えさせたいのか、教材の本質は何かを明確にする。 ③ 「できた」「わかった」と実感できる練習問題に取り組む。

D：教師の指導	① 考えづくりの時間を確保し、自分の考えを持たせる。
	② 座席表を使って、子どもたちの考えを把握する。
	③ 子どもの考えにチェックやコメントを付け、価値づけをする。
	④ 困っていることを明確にして提示する。
	⑤ 子どもたち同士の相談タイムを大切にする。
	⑥ みんなが同じ土俵に乗り、深い学びをするためのスモールステップ
	⑦ 考えさせたいところでは、子どもたちに問い返しをする。
	⑧ 子どもの考えは、子ども自身の言葉で伝えられるようにして、教師はしゃべりすぎない。
	⑨ 子どもたちの学習の見届けをする。
E：学習規範の設定	① 「ここまでいいですか？」「〜だよね？」のような聞き手を意識した発表をする。
	② 「〜さんと似ているんだけど」「〜さんと少し違うんだけど」のような考えをつなげる発表をする。
	③ うなずいたり、「なるほど」「わかりました」「もう一度言ってください」のように反応をしたりして、あたたかい聞き方・反応をする。
	④ 「わからないこと、できないことは恥ずかしいことではない」安心できる環境をつくり、自然につぶやくことができる。（居場所と出番）
	⑤ 考えが変わったときは、なぜ変わったのか理由を持てるようにする。
F：学力の共通認識	ア 「問い」を見つける力
	イ 課題を設定する力
	ウ 課題に対して解決する力
	エ 学習してきたことを使って、自分の考えを持つ力
	オ 自分の考えや「問い」を相手に発信する力
	カ 自分たちの学習の中でルールをつくり上げる力
	キ 他者の考えを聴き、尊重し汲み取る力

【参考文献】

岡本光司・両角達男（2008）『子どもの「問い」を軸とした算数学習』教育出版

Ⅲ. 5年「分数のたし算とひき算」

鈴木 元気

1.「私の授業観」と授業の構想

本単元の授業構想を考える際に、その基底に据えたのは次のような「私の授業観」の基本理念です。

「『問い』の解決という目的意識を持ち、【なかま】の考えや新たな『問い』をつなぎ、新たな学びを創造することで、学習の楽しさと【なかま】のつながりの深さ・大切さを実感するする授業」

この基本理念には、子どもたちが主体的に【なかま】と協働的に学んでいって欲しいという強い願いが込められています。

そこで、どうしたら自分ごととして解決していこうとする目的を持てるような「明確な問い」を出せるのか。そして、どうしたらその「問い」を子どもたちだけで解決していけるのか。この2点に重点を置いて授業を行いました。

なお、本単元で扱う教材には以下の二つのよさが考えられます。

① 子どもたちが単元を見通したときに既習（同分母の分数の加減）と未習（異分母の分数の加減）をすぐに見分けることができ、自ら「問い」を見いだしやすい。

② その「問い」を解決するに当たり、「倍分」という既習の知識（学級では「同かけわり技（わざ）」と名付け、技化していました）を用いることで、自ら解決に向かえる。

2. 授業計画

本単元では、5段階方式による授業を行い、各ステージの内容を次のようにしました。ステージ4における各時の学習内容は、子どもたちの「問い」を基に設定した「学習主題」です。

69

時	ステージ	学習内容
1		だれが大きい？（ツールづくり）
2	1. 2. 3	今までの学習を振り返り、新たな「はてなくん」を出そう。（「問い」出しと学習計画づくり）
3.4		※「はてなくん①」 分母が違う計算はどうする？
5		「はてなくん②」分母が違う計算はどうする？（特にひき算）
6		通分を使いこなせ！（5時の後に追加）
7		大きくなった分母はどうする？（6時の後に追加）
8	4	約分を使いこなせ！（6時の後に追加）
9		帯分数だったらどうする？（教師から）
10		「はてなくん③」分数 - 小数の計算はどうする？
11		こんなところにも分数！
		時間を分数で表そう（教師から）
12		学んだすべての技を使いこなせ！（練習問題）
家	5	「はてなくん」や技についての自学

※「はてなくん」とは、岡本が定義する「問い」をクラスの言葉として導入したもの。
　単元を俯瞰した導入時の「問い」も学びを進める上で出た「問い」もこれに含むもの
　としている。

3. 授業展開の実際

ステージ1　教師によるオリエンテーション、動機づけとしての算数的活動等

第1時　だれが大きい？（ツールづくり）

　まだ単元に行くためにツールをもつ段階なので、本時では、単元を見通すことまではしませんでした。子どもたちには、「冒険には裸ではいけない！　武器を持っていこう！　これから使う技を見つけるぞ！」という意識で学習に取り組ませました。

　今後ツールとして使う図がＬますなので、図をＬますのようにして提示しました。

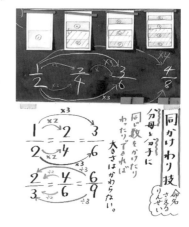

$\dfrac{1}{2}$、$\dfrac{2}{4}$、$\dfrac{3}{6}$、$\dfrac{4}{8}$ が同じ大きさであることを確認し、その後、数直線を利用して同様に同じ大きさのものを見つけさせました。それらの数字から帰納的にきまりを発見することができました。そのきまりをクラスの技として、子どもたちは「同かけわり技」と名付けました。クラスだけの言葉にはなりますが、意味も含めて共有された言葉なので授業の中で子どもたち自身が多く活用していきます。新たな学びを創造していく上で重要な手だてだと考えられます。

第2時 今までの学習を振り返り、新たな「はてなくん」を出そう。
　　　　（問い出しと学習計画づくり）

〈前半〉

　式の書かれた以下のような種類のカードを用意し、まずはパッと見て、できるかできないかを判断させ、○（できる）と×（できない）と△（できないかも）に分けていきました。すると、子どもたちが思考を始めました。

〈カードの種類〉

　　○同分母の真分数の加法　　　　○同分母の真分数の減法
　　○同分母の帯分数の加法
　　×異分母の真分数の加法　　　　×異分母の真分数の減法
　　×異分母の帯分数の加法
　　×小数と分数の加法

C： 同じ分母のやつはやったことがある。簡単だよ。

C： これは何が違う？帯分数になっただけか。

C： 分母の違うやつも出てきたよね？

C： それは分母もたしていいんじゃない？

C： 小数と分数はやったことがないなぁ。どうやればいいの？

　ここではあえてじっくりと見せなかったことで、自然発生的につぶやきや相談が見られ、個々に「分数」に関する今までの学びと新たなもの

との違いや「はてなくん」を表出するきっかけとなりました。

　毎時間教師から出される問題について考えるだけでは、問題意識が共有されず主体的な学びにつながりません。あえて単元の学びをここで俯瞰させることで、「これを解決するんだ」「ここがわからないなぁ」という問題意識、目的意識を常に持って単元を進めることができると考えます。

　〈後半〉

ステージ2　子どもによる「問い」の記述とその共有

　続いて、個人でカードについての「はてなくん」を書かせました。

　その後に自由に交流し、共通の「はてなくん」はまとめて、黒板に提示していきました。

　はじめは個々が自由に「はてなくん」を出し合っているため、そのすべてが全体で学ぶ学習主題にはなり得ません。そのため、**ステージ3**では全体で「はてなくん」を分類・統合していきます。加えて本実践では、**ステージ2**の段階で少人数交流の中で、子どもたちだけで分類・統合をし、精選させていきました。全体での精選の前に、それぞれの「はてなくん」を共有することで仲間の問いをも自分ごととして扱えるのではないかと考えたからです。また、どのような「はてなくん」も認められるという過程を経て、全体に共有していくことで「『はてなくん』はどんどん出していいものなんだ」と実感させることができたようです。

ステージ3　子どもの「問い」を軸とした学級としての「学習主題」の　　　　　　　設定

　さらに各班から出そろったはてなくんを分類・統合させて、学習主題・計画を立てました。出された短冊を話し合いながら、移動させて分類し、そのまとまりごとに学習主題を考えていきました。

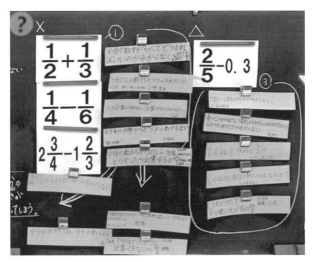

話し合いながら短冊を分類していった板書

C1： 分母に注目したものと小数に注目したものに分けられるよね。

C2： まずは分母のやつかなぁ。みんな似ている「はてなくん」が多いよね。

C3： その分母の「はてなくん」がわかったら、わかるものがたくさんあるよ。

C4： 同じ分母のものもたし算のときとひき算のときで「はてなくん」が少し違うからこれは分ければ？

C5： たし算でひき算でそのあと小数でいいかな？

C： どんなところで使うかって具体的な問題もある。

　短冊を見ながら異分母分数の「はてなくん」がわかればで、ほとんどの「はてなくん」が解決していくということに気づき、そこから解決していこうということになりました。すでに「一つ分の大きさが変わってしまうからできない」と異分母分数の問題点をほとんど全員が共有しているようでした。ここから学習主題の協働的追究がはじまりますが、学習計画を立てる時点で主体的で協働的な学びがスタートしているといえます。

　また、学習主題として残した異分母分数のひき算については、加法で異分母分数の「はてなくん」がわかれば、それと同様であることに気づ

きます。しかし、あえてその「問い」を学習主題として残したのは隠れた教師側の意図があるからです。異分母分数のひき算は「最小公倍数で通分する」や「大きくなった分母を約分する」につながるような数値設定をしてあります。こうすることで、子どもの「問い」をできる限り採用しながらも、別の新たな「はてなくん」が出てくる流れ、つまり主体性を担保しながらも、学ばせたい内容を意図的に仕込んでいるのです。「問い」を軸として進めていく以上は、単元を深く研究した上で材を精選することが重要であると実践しながら学びました。

　他方、本単元においてのこの方法は課題もあります。本単元では異分母分数の問題点が極めて明確であり、やや退屈な時間になってしまった子がいることは否めません。「はやくその課題に取り組みたい！」という思いを生かす展開は再考の余地があるため、さらなる研究と子ども理解に努めたいと思いました。

ステージ4 「学習主題」の協働的追究とまとめ
第3時 「分母の数がちがう計算はどうするの？」〜５組流〜
$\frac{1}{2} - \frac{1}{3}$ のような計算の技をつくろう〜　考えづくり

　もっとも多くの「はてなくん」が集約されたこの時間は、考えづくりの時間を 0.5 時間ほど確保し、しっかりと全員が問題と向き合いました。主体的に学ぶためには一人ないし少人数で考え、自らの学びをメタ認知していくことが重要であると考えています。

　また、この時間の副産物として、同じ「はてなくん」でもさらに具体的にどこでつまずいているかを教師が把握することができます。これによって、ときに意図的指名をしたり、立ち止まらせたり、全員にアウトプットさせたりと話し合いをファシリテートしていくことができます。子どもたちが主体的な話し合いの中で「はてなくん」を解決していくためにも、ここぞ！という教師の出番を見極め、考えうる授業展開を想定して授業に臨みました。

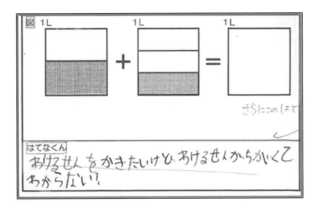

はてなくん
あける せんを かきたいけど、あける せんが ちがくて
わからない？

$$\frac{1}{2} = \frac{2}{4} = \frac{3}{6} = \frac{4}{8}$$

$$\frac{1}{3} = \frac{2}{6} = \frac{9}{18} = \frac{36}{732}$$

よくみつけた！

はてなくん (分母)
⑦ 同じ 数が あたけど 何か 関係あるのか？

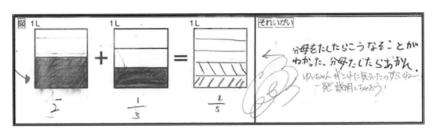

それいがい

分母をたしたらこうなることが
わかった。分母たしたらあかん
ゆいちゃん さとみに気ふったのやんね
一発 説明しちゃおう！

第4時 「分母の数がちがう計算はどうするの？」～5組流～
　　　　 $\frac{1}{2} - \frac{1}{3}$ のような計算の技をつくろう～　話し合い

　　ステージ4　共同的追究が色濃く出た授業です。迷いながら試行錯誤
し、論理を組み立てていく過程であり、一つひとつの「問い」に寄り添
いながら授業が進みました。

T： 自分の考え確認できた？ではいこう！

C1： 分母が違う計算ができなくて、$\frac{1}{2} + \frac{1}{3} = \frac{2}{5}$ にしたんだけど、（板書のコップの図に書き込みながら）水の量が減っちゃうからできない。

C： それについて！　つけたし。

C： C2、それ疑問？　疑問たくさん言ってこう。

T： C2。

C2： 「はてなくん」で、答えを出したいけど、分母が一緒ならできるけど、一緒じゃないからできないからわからない。

C： あぁー。

C2： それで分母を同じにしたいから計算をどうやったらいいかわからない。

C： あぁ。

T： つまりやりたいことはなに？

C2： やりたいことは答えを出したいけど、分母が一緒ならできるけど一緒じゃないからできないから、わからない。

T： C2のやりたいことは。

C3： 分母を同じにしたいってこと。

　みんなの「はてなくん」はみんなで解決していこうという授業観が共有され、浸透しています。その中で本単元の肝である「分母（単位分数）をそろえる」という視点に焦点化されていきます。問題を解けた子だけでなく、どの子も活躍が見られました。

（授業の続き）

T： （板書してから）らしいよ。

C4： ちょっとつけたし。自分の意見で、前に出ます。

C： どうぞ。

C4： 分母を同じにしたいって C2 が言ったじゃん。だからぼくは分母を同じにする方法を考えて、同かけわり技のやり方なんだけど、（板書していく）$\frac{1}{2}$ と $\frac{1}{3}$ を同じ分数にして…（$\frac{2}{4}$ と板書する）と $\frac{1}{3}$ と同じ分数は？

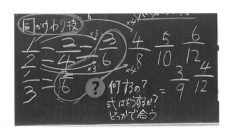

C： $\frac{2}{6}$。

C4： でまだこことここ（$\frac{2}{4}$ と $\frac{2}{6}$ を指して）は分母がちがうから、もうちょっとやってもう一個 $\frac{1}{2}$ と同じ分数は？

C： $\frac{3}{6}$。

C4： でここが分母は同じになった。この後が疑問で、分母を同じにしたけどそのあと何をすればいいかわかりません。

C： 解決できる。C4 に超似てる。先に疑問？

C5： 私は C4 につけたしで、同かけわり技で、$\frac{1}{2}$ と $\frac{1}{3}$ を分母の同じ $\frac{3}{6}$ と $\frac{2}{6}$ があったけど式にどう表せばいいかわからない。

　技によって分母をそろえられれば式変形はできたようなものだと思っていましたが、技と式を結び付けるところにも一つつまずきがありました。このような小さなつまずきも見落とさない。これが「はてなくん」を出し合う大きな価値の一つであると思います。

（授業の続き）

C：あぁ、式ね…。似てる！俺も同かけわり技。

C6： C4.5 に似ていて、式の求め方がわかりません。

T： 式をどうするかね。

C7： C1 に似ているんですけど、図のやつでコップのくぎりっていうか、大きさがちがくて、どうすればいいかわからない。量もちがうじゃん？一つ分の。

C： うん。

C7： だから同かけわり技ではできたんだけど、図の方ではできなくてそこが疑問でした。

T： コップのなんて言った？

C7： くぎりっていうか一つ分の大きさ。

T： みんなくぎりってなに？

C： 入れ物の一つ分の量。うん。

T： これがちがうってのはどういうこと？

C： 二等分と三等分だから、一つ分がちがう。

C： ２と３で分母がちがう。

T： あぁ、C7は図なの？　図のはてななの？　なるほどね。

C8： C4.5.6に似てて、同かけわり技をやって、（$\frac{1}{2}$と$\frac{1}{3}$の分母、分子を２倍、３倍、４倍した同じ大きさの分数を増やしていく）繰り返していくとね、どっかで合ってたんだよ。

C： 何が合う？

C： 同じになったってこと？上（$\frac{1}{2}$）が$\frac{6}{12}$だったら、下（$\frac{1}{3}$）も$\frac{6}{12}$ってこと？

C8： うん。そこからわからないから誰かお願いします。

C： あぁ…え？　それはちょっと疑問。

T： C8のはどっかで合うんだ？

C： 合わないと思う。じゃあわけを言うよ。

C9： まず分母が同じじゃないでしょ？　２と３って。だから同じ数でかけた場合でもちがってくるじゃん。分子の１が同じになることはあるけど、そのとき分母同士の数がちがうから、合わないと思う。

C： 同じ。あぁ、なるほどね。

T： これについてはいいのね？　じゃあ、何人かが言っていた他のはてなは？

C9： あのね、式のやり方なんだけど、まず$\frac{1}{2}$を$\frac{3}{6}$にしたでしょ？

いい？　それで、$\frac{1}{3}$ を $\frac{2}{6}$ にして、まず分母が合ったでしょ？で、じゃあ同かけわり技は、大きさ変わらないじゃん？OK？　だから、$\frac{3}{6}$ は $\frac{1}{2}$ でもある。ただ分けた数を変えただけ。$\frac{2}{6}$ も $\frac{1}{3}$ でもある。だから、式のやり方は $\frac{1}{2} + \frac{1}{3} = \frac{3}{6} + \frac{2}{6}$ にしました。すると、答えは？　$\frac{5}{6}$ になるよね。

C：　あぁ、そうか。

C：　でも変わっているから、だめなんじゃない？

C10：今のに疑問なんだけど、これだと一つの大きさが変わっているから、それをどうすればいいかわからない。

C：　あぁ、図でってこと？　図の質問だ！

T：　図いく？

C：　まだ式!!　答えがちょっと違うんだよ。

T：　じゃあ、まだ図は置いておくよ。

C11：ぼくは、$\frac{1}{2} + \frac{1}{3}$ の分子は２でしょ。分母は迷ったんだけど、$\frac{2}{2}$ か $\frac{2}{3}$ で。$\frac{2}{2}$ ってさ、図にすると１L まんたんになっちゃうでしょ。$\frac{2}{3}$ だと思いました。

T：　二つ出たね。$\frac{5}{6}$ と $\frac{2}{3}$ だって。

C：　でもどうだろう。

C12：これさ、一つ分の大きさ、変わっちゃうのだめって C11 わかっているでしょ？　変わっちゃダメなのわかる？

C：　一つ分の大きさが変わっちゃいけない理由だって。分母が変わっちゃうってこと。

C：　さっき言ってた。入れ物の一つ分の大きさが変わってきちゃうよってことだよ。

C12：だから、C9 と同じで同かけわり技で $\frac{5}{6}$。同じ分母をそろえないと、一つ分の大きさが変わって変になるから。ちゃんと同かけわりして分母をそろえた方がいいよ。

（C11 と再度考えのやりとりを全体で行う。）

T ： おぉ、C11 のおかげで
　　　深まったね。

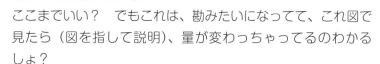

C13：C11 の言った $\frac{2}{3}$ を図で
　　　表すと（黒板に記入）。
　　　ここまでいい？　でもこれは、勘みたいになってて、これ図で
　　　見たら（図を指して説明）、量が変わっちゃってるのわかる
　　　しょ？

C11：ちがうの、分かったわ。

　ここでは一度全員が共通理解を図ったはずの前提が理解できていない
子の発言がありました。再度その確認を子どもたち同士で行う。まさに
みんなの「はてなくん」はみんなで解決していこうとする具体的な表れ
です。時間はかかってしまいますが、理解した内容を再度アウトプット
する、そして共通理解を図るからこそ子どもたち全員で納得し進めてい
くことができました。

（授業の続き）

T ： （解決したはてなとまだ
　　　できていないはてなを整
　　　理）

C ： 式はまだある。

C14：ぼくはこういうやり方をして（$\frac{1}{2} + \frac{1}{3} = 1 \div 2 + 1 \div 3$ と
　　　板書する）、$1 \div 2 = 0.5$ になって、$1 \div 3$ もやるとずっと無
　　　限になっちゃったから、約でやったら…そうすると $0.5 + 0.3$
　　　は？　0.8 になったんだけど、約にしちゃうとだめかなと思っ
　　　て、違う方法があるのかなって疑問に思いました。

T ： 小数だとどうなの？

C ： 約になっちゃうから。約を正確に表せるのが分数だから…

T ： 今回は何で表す方がよさそう？

C ： 分数。

T ： （再度解決したはてなとまだできていないはてなを整理）

T： じゃあ、これ（同かけわり技で答えを出したもの）なんでこう
　　　なったか隣にしゃべってごらん。

C： （各々説明する）

T： 同かけわり技についてはいけそう？

C： うん。

T： じゃあ大量に出てきた図について考えるか。これを図で説明す
　　　ると？がわからないんだね。これを隣で考えよう。

T： なんて問題にすればいいの？

C： 図だとどうなるか。

T： （ワークシートの説明）じゃあ、問題書けたらはじめていいよ。
　　　（ペアで相談、考えづくり）

　事前に子どもたちの考えを把握した上で、最も多くの「はてなくん」
が出ていたのが「図（具体）に表すこと」でした。その解決には技を
使って式変形ができるという共通理解が必須です。そこで、話し合い中
は、ここを学習問題とすることを想定してファシリテートをしました。
子どもの「問い」を軸にするからこそ、この伴走する姿勢とファシリ
テート力が重要であると思います。

（授業の続き）

T： どうなった？（1組目を指名）

C15.16： ここは同かけわり技で1目盛りはどうなる？

C： 6目盛り。

C15.16： （板書に線を引く）こ
　　　　れで $\frac{3}{6}$ になって、こっち
　　　　（$\frac{1}{3}$）も6目盛りでしょ？
　　　　まず、同かけわり技でこ
　　　　ういう風にして、水に例

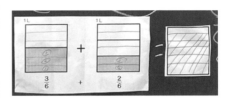

えると $\frac{3}{6}$ の水を $\frac{2}{6}$ の水に足してみると $\frac{5}{6}$ になりました。

C17.18：ぼくたちは、わけるの C15.16 と同じで、足した答えを横に表してみました。何等分する？

C： 6目盛り。

C17.18：で、何目盛りぬりますか

C： 5。

C17.18：なので C9 たちの式は合っていると思いました。

C19.20：$\frac{1}{2}$ を6等分にして、$\frac{1}{3}$ も6等分にして、$\frac{3}{6}$ と $\frac{2}{6}$ にして。分母の大きさは変えたけど、量は変わってないから。それで $\frac{5}{6}$ になります。

T： 1つ分の大きさを変えずに？

C18.19：一つ分の大きさは変えたけど。

C： 量は変わってない。

C18.19：そう。だから、これで計算しました。

T： つまりどういうこと？　大きさを変えず？

C： 1つ分を変える。

T： なんで変えたの？

C： 分母をそろえるため。条件をそろえるために。

T： まだちょっとって人いる？　OK はパー、ちょっと微妙はグー。どうぞ。（C2 がグーを出す）正直でいいね。じゃあもう少しいこう。

C20.21：同かけわり技でやったら、分母は同じ6になったでしょ？同じ6になったから $\frac{3}{6}$ になったでしょ？だから入れ物を6等分します。6等分したら、書いてある三つがあって、6個にあるうちの三つがぬれているので、$\frac{3}{6}$ になります。ここまではわかる？

C： うん。C2 わかる？（隣の C22 が補足説明をしている）

C20.21：それでこっちも条件をそろえたから、6等分します。それで、6等分したうちの二つがぬってあるから $\frac{2}{6}$ になりました。

C： C2 解決？

C20.21：それで、$\frac{3}{6}$ ＋ $\frac{2}{6}$ が計算できて、それで答えが $\frac{5}{6}$ になりま

した。

C2： C22 も説明してくれたからわかった。

T： そうしたら確認、まず分母を同じにしたいからなにした？

C： 同かけわり技で条件をそろえた。

T： 条件ってどれだ？

C： 一つ分、分母！

T： 分母をそろえた。だけど、変えちゃいかんのは？

C： 大きさ、量。200cc みたいなやつ。

T： OK。まだ言いたい人も「はてな」もいるかもしれないから、それはここ（振り返りの紙）に書いて。下の問題は別のものにしてみたからやってみて。

（再構成、振り返りを記入し、確認をして終了）

　それぞれが学習主題とした「はてなくん」と向き合ったことで、その解決過程において、多くのタイムリーな「はてなくん」が飛び交いました。ときに脱線していくような「はてなくん」もありましたが、それでもどれも見捨てることなく少しずつ積み上がり、式・技・図の全てがつながった「異分母分数の加法の解法」を創造することができました。また、このような学びに【なかま】を大切にする、【なかま】のピンチはみんなで乗り越えるといった子ども同士のつながりが深まりをも感じることができました。

ステージ5　新たな「問い」の設定と残された「問い」への対応

　単元途中から終えるまで、授業内で生まれる新たな「はてなくん」や十分に咀嚼できずに終えた「はてなくん」が残ります。この実践では時数の関係上、新たな「はてなくん」を取り扱うことはできませんでしたが、一方で自主学習において授業を振り返り、自らノートにまとめてくる子たちが出てきました。中には創造した技をいかに簡単にできないかと考えた子もいます。そこには算数が得意な子だけでなく、苦手な子も多くいました。それを学級だよりとしてクラスに共有し、さらに学びを深めるきっかけになりました。

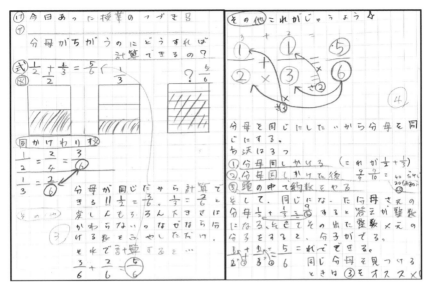

今後やっていく通分の方法を考えてきた自主学習ノート

4. 本実践を通して

　本実践では、子どもたちの主体性が見て取れました。自分たちの「問い」に【なかま】が寄り添い、新たな学びを創造していく中で、それぞれが自信をつけ、「問い」に、そして自分自身に価値を見いだせたことが、協働的な学びへの積極的参画につながったのだと思います。

　自らの「問い」を起点とし、協働的に学び、新たな学びを創造する過程にこそ、本当の思考力が培われ、学ぶことの楽しさ、仲間とのつながりの深さ、大切さを実感できるのだと改めて感じることができました。

　まさに私の授業像である「【なかま】の考えや新たな「問い」をつなぎ、新たな学びを創造することで、学習の楽しさと【なかま】のつながりの深さ・大切さを実感する授業」に近づくことができました。

　指導するという立場ではなく、伴走者として子どもの学びに、「問い」に寄り添っていきたいです。

私の授業観

（Ver. 3）2021 年 6 月 2 日

	基本理念
	「問い」の解決という目的意識を持ち、【なかま】の考えや新たな「問い」をつなぎ、新たな学びを創造することで、学習の楽しさと【なかま】のつながりの深さ・大切さを実感する授業
A 子どもの学習	【みんなで一つ　キーワードは、なかま】 ①仲間全員で「問い」を追求し、解決を図る。 ②「問い」（何がわかり、何がわからないのか）を表出することから。 ③既習事項を技化し、クラスの技名で使いこなす。 ④仲間を大切にする「聴き方（目の光線）」「話し方（語りかける）」
B 授業の 構成展開	①「問い」から全員が解決する目的を共有する。（導入は抽象的な問い） ②既習の技で一人学びによって、新たな「問い」の表出と解決を図る。 ※「問い」の共有や全体発表のための考えの整理を目的としたペアやグループの学びを取り入れる。 ③全体での協働的な学びの中で、一人学びで生まれた新たな「問い」の表出と解決を繰り返す中で、学習主題を共有する。 ④再度一人学びやペア・グループによる協働的な学びによって、より具体的な「問い」の表出と解決を図る。 ⑤全体での協働的な学びを通して、新たな学びを共有し、技化する。
C 教材の選定・ 提示	①「目標を達成できること」と「子どもにとって身近で考えやすい場面であること」の二つを　意識した教材を選定する。 ②提示方法や単元の進め方にゲーム性、エンターテインメント性を含めるなど、意欲的に学べるような外発的な動機づけも図る。
D 教師の指導	【みんなで一つ　キーワードは、なかま】 ①教師だけでなく、児童相互に努力と思いやりを認め合い、所属感、肯定感を高めることで、何でも話せる人間関係・雰囲気をつくる。 ②仲間を大切にする「聴き方（目の光線）」「話し方（語りかける）」を徹底する。 ③子どもたちで学びをつくり上げさせるために、教師の出番は最低限の確認やつなぎのサポートにとどめる。 ④全員が主体的に取り組み、問いに寄り添う時間を保証し、同じ土台に立って話し合える環境をつくる。

E 学習規範の 設定	【みんなで一つ　キーワードは、なかま】 ①全員が話し、全員が聴く。 ②挑戦や失敗はOK！　恐れて行動しないのはNG！ ③なかまは群れず、自立する。自分の考え、意思を持ち表出する。 ④わからないは素晴らしい！「問い（はてなくん）」は積極的に表 　出する。 ⑤仲間の頑張りには全力で応える。（聞き逃さず、みんなで解決す 　る。） ⑥語りかけ、問いかけ、反応を見ながら話す。 ⑦仲間の発言に対し、目の光線を出し、反応をしながら聴く。
F 学力の 共通認識	ア　明確な「問い」を持つ力 イ　既習の技を用いて、新たな学びを創造する力 ウ　なかまの思いを汲みながら聴く力 エ　仲間の反応を見ながら、わかるように話す力 オ　仲間との学びを咀嚼し、自らアウトプットできる力

【参考・引用文献】

岡本光司・土屋史人（2014）『生徒の「問い」を軸とした数学授業—人間形成の
　ための数学教育をめざして—』　明治図書

Ⅳ. 5年「図形の角」

佐藤　友紀晴

1.「私の授業観」と授業の構想

　本単元の授業構想を考える際に、その基底に据えたのは次のような「私の授業観」の基本理念です。

> 「子どもの『問い』を始点として、子ども同士で自分の考えや『問い』をつなぎ合い、共に新たなる算数ルールを創造する学習を目指していく授業」

　全ての学びは岡本が言うように「問い」から始まるものでありたい。そして、学習が得意な子もそうでない子も、その他あらゆる子が協働して新たな算数ルールを創り上げる。そんな授業を子どもたちと追い求めて毎回実践しています。

　本単元の良さは、三角形の内角の和を求めた後、「だったら四角形は？　五角形は？　五十角形は？」など、子どもたちが自ら追究の対象を拡張していけるところです。また 180 度に（角の数－2）をかければどんな多角形でも内角の和が簡単に求められることです。その過程で三角形の内角の和を用いて四角形の内角の和を演繹的に求めたり、「角の数 n をかける」か「(n－2) をかける」かで意見の対立が生まれたりして「四角形の内角の和はどれが正しいのだろう？」「百角形の内角の和はどちらの答えになるのだろう？」といった「問い」が子どもたちから自然に生まれ、自分と友達の考えを結びつけたり、修正したりしながら子どもたちの力で新しい算数ルールを創り上げることができます。

　そんな本単元では、いろいろな三角形の内角の和について求めた後、そこからさらに疑問に思ったこと、さらに追究していきたいことなどの「問い」を子どもたちから引き出し、それらの「問い」を基にその後の学習計画を子どもたちと共に立て、追究していくことで新たな算数ルー

88

ルを共に創り上げ、本単元のおもしろさに迫らせていきたいと思いました。

2. 授業計画

本単元では、5段階方式による授業を行い、各ステージの内容を次のようにしました。ステージ4における各時の学習内容は、子どもたちの「問い」を基に設定した「学習主題」です。

時	ステージ	学習内容
1	1 2 3	三角形の内角の和は何度かな？
2		三角形はどんな形でも内角の和は180度になるのか？ その他、新たな「はてな（？）」を出し合って学習計画を立てよう。
3、4	4	四角形の内角の和は何度かな？（C1さん、C2君、C3君、C4君の「はてな（？）」）
5、6		五、六、七角形の内角の和は何度かな？（C5君、C6君の「はてな（？）」）
7		角が一つ増えると本当に内角が180度増えるのかな？（C7君の「はてな（？）」）
8		百角形の内角の和は何度かな？（C8君の「はてな（？）」）
9		練習問題とまとめ
家	5	残った「はてな（？）」を解決しよう。（自主勉プラス1ノート）

3. 授業展開の実際

ステージ1　教師によるオリエンテーション、動機づけとしての算数的活動等

第1時　「三角形の内角の和は何度かな？」

導入では一人一つずつ、自分が好きな形の三角形を描かせました。その後、「内角」という言葉を教え、「三角形の内角の大きさをすべて合わせると何度になるかな？」と問いかけました。すると、ある子が「正三角形はそれぞれ内角の大きさが60度なので、180度」とつぶやくと「でも他の形はわからない」と他の子が続きました。そこで、他の形の三角

形について予想させると「180度になると思う」という子が半数。その他の子たちは「測ってみないとわからない」とつぶやいていたため、以下の学習主題を設定し、授業者が用意したいくつかの三角形について調べてみることにしました。

> 三角形は、どんな形でも内角の和は 180 度になるかな？

　ちなみに、この後、すぐに子どもたちに丸投げせず、これを調べるに当たり、どんなツールが使えそうか、考えさせ、発言させると、「分度器で測る」「角を切って集める」などの意見が出たため、これらを板書し、自分で使ってみたいツールを選択させて調べる活動に入りました。

第 2 時　「三角形はどんな形でも内角の和は 180 度になるかな？」
　子どもたちが調べた結果は「全部は 180 度にならない」「全部 180 度になる」の二つの意見に分かれました。ただ、ここは「角を切って集めるール」を使うとすべて一直線（180 度）になることを定規を当てて確認し、どんな形の三角形でも内角の和は 180 度になること「三角形は180 度ルール」をみんなで確認しました。

ステージ2　子どもによる「問い」の記述とその共有

ステージ3　子どもの「問い」を軸とした学級としての「学習主題」の設定
　その後、ここから新たに疑問に思ったことなどの「問い」を短冊に書かせ、今後の学習計画を子どもたちと一緒に立てていきました。（番号は学習する順番）

5年1組　みんなの「はてな（？）」　～「図形の角」の巻～

1　四角形の内角の和は何度かな？

・三角形は180°だったけれど、四角形では何度だろう？（C1）

・じゃあ、四角形や台形、平行四辺形の内角は？（C2）

・四角形はどうなるのか？（C3）

・四角形の場合は？（C4）

2　適当な三角形を描いても180度になるの？　180度にならない三角形は？

・自分でテキトーな三角形をかいても180°になる？（C9）

・どんな形でも180°になるというけど、180°にならないようにかこうとすると三角形はかける？（C10）

・なぜ、分度器で測るとずれる？（C7）

3　五角形や六角形の内角の和は何度になるの？

・五角形は何度になるの？（C5）

・では、五角形や六角形は、何度なの？（C6）

・六角形、十角形の外角は？（C2）

4　九角形、十角形、十一角形、十二角形は何度になるの？

・九角形、十角形、十一角形、十二角形は何度か？（C13）

・九角形、十角形、十一角形、十二角形など、他の形はあるのか？（C12）

5　百角形などはあるの？　あるなら内角の和は何度になるの？

・百角形の内角の和は何度？（C8）

・百角形、千角形などはあるのか？（C11）

6　そのほかの「はてな（？）」

・外角は何度ってどうやって出すの？（C8）

・習った形を使って、どんな形をつくれるのか？（C12）

　このように、新しい学習をした上で、改めて疑問に思うことなどを「問い」として表出させ、それらを子どもたち自身に分類させ、授業者と共に学習計画を立てることで、子どもたちが素直に感じた「問い」をお互いに共有し、大切にすることができ、その後の学習の見通しを立て

ることができます。このステージでは、子どもたちが自分で「問い」を出し合い、学習計画を自ら立てていくことで、授業者から問題を与えられるという受動的な姿勢ではなく、能動的に学習に向かい合う姿勢を育てることにつながります。まさに、岡本が言う「算数・数学を創り上げる」第一歩となると思います。

ステージ4 「学習主題」の協働的追究とまとめ

　このステージでは、子どもたちの主体的な話し合いによって協働的に新たな算数ルールを創り上げる段階となります。岡本が提唱する「子どもの『問い』を軸とした算数学習」の中で、ステージ2、3と並んで肝となるステージです。本来ならば、全ての時間の学習活動を紹介したいところですが、紙面の制約上、第4時と第8時について紹介します。

第4時　子どもたちの「♥」から学習主題1、2が焦点化できた四角形の内角の和は何度かな？（C1さん、C2君、C3君、C4君の「はてな（？）」）

　第3時で考えづくりをすると、C8さんのように分度器で測ってたし算をして出てきた内角の和のずれから、「四角形の内角の和は290度？370度？369度？など、いろいろ出てきてどれが本当の答えなのか？」といった「♥（ハートマーク）」が出てきています。（ここで、「「♥（ハートマーク）」とは、考えづくりや授業中に子どもから出てきたタイムリーな「問い」をいいます（以下「♥」）。我がクラスでは共有言語として認識され、話し合いでも使われており、考えづくりなどで「問い」が出てきたら「♥」と記載し、その理由や「問い」の内容について記述することを推奨しています）ここでは、同じような「♥」を9人が書いていました。

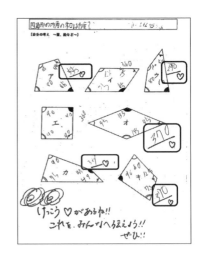

これらの子どもたちの考えや「♥」を一度、座席表授業案にまとめ、授業者なりに本時の授業の流れをいくつか想定して授業に臨みました。

　第4時では、「四角形の内角の和は何度かな？」という C1 さん、C2 君、C3 君、C4 君の「はてな（？）」を解決すべく、前時での考えづくりを基に、各自の発表から授業をはじめました。以下は第4時の授業記録（抜粋）です。

> 「四角形の角の和は何度かな？～ C1 さん、C2 君、C3 君、C4 君
> 　の「はてな（？）」～

・今日の学習課題を確認した後、各々の発表から入ると、以下の意見が発表された。

C：　「分度器ではかるール」でやるとすべて360度。

C：　「切ってくっつけるール」でやるとすべて360度。

C8：えっと、ぼくは分度器で測るールを使ったんですけどアが423度、イが235度、ウは386度、カが323度キが343度になりました。

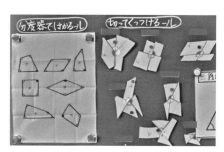

C：　ちが～う。

C8：えっと、エとオは、360度だったんだけど、他は全部バラバラでした。

C12：全部、黒（いメモリ）で読んだ？

C：　黒っていうか……分度器で全部同じメモリで読んだ？

T：　はい、C14さん。

C14：えっと、私は360度になる四角形とならない四角形がありました。

C：　同じです（少しつぶやきあり）。

C14：他にありますか？

C14：C15さん。

C15：私はすべてがバラバラなわけじゃないけど、カが355度で、キが365度で、イが360度を超えてしまったので、すべてが360度ではないと思います。

C：ん〜？

T：なるほど。どう？みんな、これ。

C：いや、ちがう。　C：同じになった。　C：360度になった。C：340度だった。　〜子どもたち、口々につぶやく〜

T：いや〜、そんなことはない。全て360度になるんじゃないか？

C：はい　C：なった。　C：なった。（$\frac{2}{3}$ ぐらいが挙手）

T：いや、ならないものもあるんじゃないか？

C：はい〜。（$\frac{1}{3}$ ぐらいが挙手）

T：なるほど。で、C15さんとC14さんと、C8君は、どっちでやった？

C8：え？「分度器で測るール」

C14：「分度器で測るール」

T：なるほど、こっちでやったか。

C8：でも、「切ってくっつけるール」は、なんか、全部360度になるんだけど、「分度器で測るール」は、なんなかった。

C：え？

C12：両方やったの？

T：なるほど。C8君、もう1回言って。

C8：だから、「切ってくっつけるール」は、360度になるんだけど、こっち（「分度器で測るール」）は、なんない。

T：じゃあ、はかった人、ちょっと見て。「切ってくっつけるール」だとどう？　1回転360度に？

C：なってる。

T：ん？　C5君。

C：なってない。

T：なってない。ずれてる？なるほどね。C16君は、反対？　なるほどね。

C16：前に貼ってある「切ってくっつけるール」

94

はずれているのもあるから、ならないと思います。

C： 同じです。

T： なるほどね〜。どっちだろうね。ずれているのは、確かに、あるかもしれないねえ。

C： あるかもしれないけど……

T： でも、見た目大体360度に？

C： なってるよ。

T： なってる感じがするよね〜？　なるほど〜。どうしよっか。じゃあさ、今ね。使ったツールがあるじゃん。何使った？

C： 「分度器で測るールール」と「切ってくっつけるール」

T： で、まだ使っていないツールがあるよね？

C： 「三角形は180度ルール」

T： うん、「三角形は180度ルール」って新しいルールをつくったじゃんね。この前。これを使って360度になるってことを言えないかね？　今日、こちら（「分度器で測るール」と「切ってくっつけるール」）を使わないで、「三角形は180度ルール」だけを使って360度になるってことを証明できないかな？

　冒頭の前半、多くの子は「分度器で測るール」「切ってくっつけるール」を使ってどの四角形も内角の和は360度になることを発表、確認しています。しかし、一部の子たちは既に考えづくりで「360度にならない四角形もあるのではないか？」といった「♥」を持っており、その子たちが後半でその「問い」を全体にぶつけ、そこから全体に再考を促すきっかけを与えています。授業者は、この単元で育みたい演繹的な思考力（前時、全員で創り上げた「三角形は180度ルール」を使ってどの四角形も内角の和は360度となることを証明する力）を育てたいと願い、子どもたちの「♥」を活用しながら子どもの思いに沿いながら新たな学習主題「『三角形は180度ルール』だけを使って四角形の内角の和が360度となることを証明できないかな？」を設定することができました。このように、「子どもの『問い』を軸とした算数学習」のよさの一つは、子どものタイムリーに出てきた「問い」を生かしながら新たな学

習主題を設定することができ、新たなルールを子どもたちと創り上げる
方向へと授業を焦点化できるところであると思います。

【授業の続き】

※新たな学習主題で焦点化した後、相談タイムを
　設け、個人での考えづくりに入りました。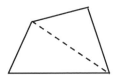
　　一部の子たちはそれで動き出すことができま
　した。半数の子たちがまだ解決への道筋を全
　くつかめずにいたため、右のような図を示しながら「こんな線を引
　いて考えている人がいるよ」と紹介し、考えづくりを継続しました。
　これによって、ほとんどの子たちが証明できるようになりまし
　た。

T： では、発表してくれる人？
C： はい。（多数挙手）
T： C17さん
C17：線を使って、四角形を真っ二つにすれば、三角形が二つになっ
　　　て、180度が二つできるから、360度になると思います。
C： 同じです。
C17：C10さん。
C10：C17さんと同じでまず、四角形を二つにわると、三角形が二
　　　つできますよね？
C： はい。
C10：三角形の内角の和は、180度になりますよね？
C： はい。
C10：それが二つあるから、180＋180で360度になると思いま
　　　す。どうですか？
C： 同じです。
C10：C15さん。
C15：私も四角形は360度だと思います。二つに割って、合同な三
　　　角形じゃなくても、三角形は全部180度だから、四角形はそ
　　　の2個分だから四角形は全て360度だと思います。

C： 同じです。

C15： C12 さん。

C12： えっと、ぼくは、C17 さんや C10 さんの意見もかったんです
けど、四つに分けることができますよね？

C： はい。

C12： ということは、三角形が
四つできたから、180
度が四つで 720 度。

C： え？（戸惑いの声多数）

C8： 反 対。C12。C12、 こ
れ反対です。

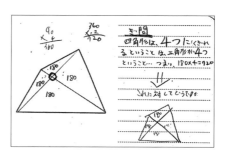

C： （挙手多数）

C12： C18 君

C18： どうして、四つに分けたんですか？

C： 同じです。

C12： え？　分けられるから分けた。

C8： 反対。待って、1 回付け足し。

C： え？

C16： どうしたら、720 度ってなるんですか？　普通だったら 360
度になると思うんだけど。

C14： なんで、問題は 360 度になる説明なのに、720 度になるんで
すか？

C： あ〜。

C： 同じです。

C8： C12、C12 に付けたし。おれ。

C12： えっと、区切るのに集中して四つに区切ってしまいました。

T： ちょっと待って。これさ、どっちの説明だったらわかった？

C： 真っ二つ。

C8： 真っ二つに分けるのもいいけど、C12 のもいいと思うよ。

C： なんで？

T： C12 君は、誤解しないでほしいのは、こっちだと？

C12：360度。

T：　っていうのは、納得してるんだよね。みんなはどう？これだっ
　　たら、三角形が二つだから180度が何個？

C：　2個。

T：　C15さん、すごかったね。「合同じゃなくても」っていう、
　　C15さん、適当に書いたやつでも、なることは、O.K.？

C：　O.K.

T：　O.K.の人？

C：　（挙手多数）

T：　だけど、今度ね、新たな疑問なんだよ、これ。これでは、360
　　度になっていいんですよね？でも、2本引いちゃうと720度
　　になるんだって。

C8：　C12さんの意見に付け足しです。

T：　う～んと、C19さん。

C19：はい。疑問で、4個に分けて、何度かわかるんですか？

C：　わかるよ。三角形は180度。

T：　1個1個は180度。O.K.？　じゃあさ、これ、難しいかもだ
　　けど、2本引いてくれた人いたじゃんね？　じゃあ、これで、
　　360度になるっていうのは、考えられる？　この方法でも
　　360度って言えないかな？

C：　言える、言えるよ。

C：　（分からない子も多数）

T：　班でちょっと相談タイム。

　　ここでは、四角形の内角の和が360度になる説明について、「三角形
は180度ルール」のみを使って考えた結果をどの子も発表しています。
この時、対角線を1本引けば四角形の中に三角形が二つでき、内角の和
は180度×2＝360度になることはどの子も納得していったので、話し
合いが収束すると思っていました。しかし、その話し合いの後半、C12
君が、先程の考えづくりの際に試行錯誤して新たに持った「♥」である
「対角線を2本引くと内角の和が720度になってしまうのはなぜか？」

という「問い」をみんなの前で発表し、もう一つの学習主題「C12 君（のように対角線を 2 本引いても）の方法でも四角形の内角の和が 360 度と言えないかな？」が生まれました。

　実は、考えづくりの際、C12 君が何となく引いた 2 本の対角線を見て、授業者にこのおかしさ、「問い」について相談しにきたのです。授業者としては、この「問い」は、考え方の拡張、発展につながると思い、一通り話し合いが終わったところでみんなに投げかけるようあたためておいてと伝えました。子どもからこのような「問い」が出なければ授業者から投げかければよいのですが、これが子どもから出てきたのは、普段から子どもが「問い」を出すことを称揚し、それをできるだけみんなで解決していこうとする「子どもの「問い」を軸とした算数学習の積み重ねの成果であると考えています。どんな小さな「問い」でも授業者はできるだけつかみ、称揚し、子どもが問い続ける力を培っていきたいものです。

　その後は、子どもたち自身で C12 君の考え方だと対角線が交わった部分の角度である 360 度を余分に加えていることに気づき、720 度から引かなければならないと結論づけることができました。そして、C12 君の考え方も含めて改めて「四角形は 360 度ルール」を創り上げることができました。

　ちなみにこの時の授業は、私が研修主任として校内の職員に向けて行った提案授業を兼ねていました。参観した先生方からの以下の感想も含め、翌日の学級だよりに掲載して、クラス全員の子を褒めました。（次ページかこみ内は一部抜粋）

昨日は、5時間目、全校の先生がこの5年1組の授業を参観しに来ました。授業の後、参観した先生方が君たちのことをすごく褒めていました。

① 　多くの人たちが手を挙げて発表しようとしていたこと。そして、実際にたくさん発表していたこと。
② 　発表の仕方がとてもよかったこと。「〜ですよね？」と区切ってわかりやすく発表していたこと。
③ 　聞き手の人たちも自分なりにいろいろとつぶやいたり反応したりしていたこと。
④ 　素直にわからないこと、疑問に思ったことを発言できていたこと。
⑤ 　相談タイムの時には、パッと班の友だちや近くの席の友だちと真剣に相談できていたこと。しかも、それは、男女構わず協力しながらかかわり、考えていたこと。
⑥ 　まさに、自分たちで「四角形は360°になる」説明をつくり上げられたこと。

　このように、授業を振り返って、よさを具体的に褒めていくことで、育みたい学級文化が浸透していきます。私は、みんなで新たな算数ルールを創り上げる授業ができた後にはもちろん、その翌日にも、必ず学級だよりでその授業を振り返り、具体的に称揚する内容を掲載し、子どもたちに読み聞かせています。この手だては「子どもの『問い』を軸とした算数学習」を実践していく上で、とても大切な取り組みだと考えています。

第8時 子どもたちの意見のずれから学習主題が焦点化できた百角形の
　　　　内角の和は何度かな？（C8君の「はてな（？）」）
　子どもが自分たちで新たな算数ルールを創り上げることができた算数授業をもう一つ紹介します。第8時では、

について、みんなで話し合いました。はじめに、個人で考えづくりをした後、話し合いに移りました。

【授業の続き】

T： じゃあ、みんなで確認しよう。六角形は？

C： 720度。

T： 七角形は？

C： 900度。

T： 八角形は？

C： 1080度。

	三角形	四角形	五角形	六角形	七角形	八角形	･･･	百角形
できる三角形の個数（個）	1	2	3	4	5	6	･･･	
内角の和（度）	180	360	540	720	900	1080	･･･	

T： ここは、もう、認めているから、大丈夫だね。はい、できた人？　とりあえず。立ちましょう。何人？　わかんないけど、できた人？

C： （半数ぐらい起立）

T： よし、じゃあ、1回えんぴつを置いて。C3君どうぞ。

C3： はい。ぼくは、答えは18000度だと思います。

C： 同じです。

C3： わけは、180度に百角形の角の数をかけて、18000度にしました。

C8： ちなみに、できる三角形の数はいくつですか？

C3： ちなみに、できる角は100個です。

C12：同じです。

C8： ちょっと待って、もう1回言って。三角形が何個？

C3： できる三角形が100個。

C12：同じです。

C： 同じです。

C8： アロハアロハアロハ。（反対という意味）

C16：アロハアロハ。

C9： 反対です。

C ： （その他挙手数人あり）

C8 ： おれは、三角形の数から始まって、一角形、二角形はないです
よね？

C ： はい。

C8 ： 百角形は三角形が 100 個できるわけじゃなくて一角形、二角
形を引いて、三角形から数えてからの、そこからの数だと思い
ます。

C ： 98 個なんですか？

C ： そうそうそう。（何人か賛成する子あり）

C ： （一部拍手する子あり）

C ： 98 個ってこと？

C8 ： そう、98 個だった。

C8 ： C10 さん。

C10 ： 私も C8 さんと同じで三角形の数は 98 個になったんだけど、
聞いてください。

C ： はい。

T ： おい、今、聞くぞ聞くぞ。（子どもたちのざわつきを収める）

C10 ： 前に出ます。

C ： はい。

C10 ： えっと、五角形から三角形の数を引くと、全部 2 ？　角の数
からできる三角形の数を引くと全部 2 になるから、それで
100 から 2 を引くと 98 個になるから、できる三角形の数は
98 個だと思います。

C ： そう。

C ： 全部 2 個ずつってことでしょ？

C10 ： C9 さん。

C9 ： 私も C10 さんと C8 さんと同じで、98 が出たところで、180
× 98 で 17640 度になると思います。

C ： 同じです。

T ： もう 1 回言って？ 1 万？

C9 ： 17640 度。

C ： 同じです。

C ： そんな角でかいの？

T ： ここまで聞いてどう？

T ： C7 君。

C7： 最初は、違う考えだったんだけど、考えが変わって、C3 さん
の（18000 度）だと思います。わけは、180 度が 100 個あっ
て 180 × 100 は 18000 なので、18000 度だと思います。

C ： それじゃあ……

C16： はいはいはい。（挙手）

C ： おかしいと思うよ。

T ： C16 君。

C16： ぼくは、C7 さんの意見に反対です。わけは、180 度× 100
だと、三角形、四角形、五角形、六角形だと 3、4、5、6 にな
るんだけど、C3 さんたちの意見で考えるとそれだと、四角形
で 2 セット、六角形だと 4 個となって、それだと 6 と 4 で同
じ数字じゃないもんで、なのでぼくは 100 － 2 をして、98、
180 × 98 にしました。

C16： C5 さん。

C5： 前に出ます。

C ： はい。

C5： この表を見て、角が 1 つ増えると 180 度ずつ増えているのが
わかりますよね？

C ： はい。

C5： でも、三角形は、できる三角形の数は三角形の時に 180 度×
1 で 180 度で四角形の時は 2 個で 2 × 180 度は 360 度なの
で、100 は 98 個なので、98 × 180 度は 17640 度になると
思います。

C ： 同じです。

C5： C2 さん

C2： ぼくは、C5 さんの意見に付け足しで、C3 さんたちの意見は
18000 度って言っていて、先に一角形、二角形があったとし

たら、ふつう60度ずつ増えていきますよね？

C： ん？

C： はい。

C： うん。

C2： そうすると、全部で百角形が6000度になるから、ぼくは違うと思います。

C12：一角形、二角形なんかないじゃん。

C： 仮に。

C12：仮っていってもねえじゃん。

C8： 一角形、二角形っていうのもあるんじゃねえの。数学者の間では。一角形って60度でしょ？

C12：なんで？

C8： じゃあ、オレ、言わせてもらいます。なんで一角形が60度かって言うと、三角形を÷3して、ちがうわ。60度ずつ増えてってるんだら。だから、二角形は120度で、一角形は60度……

C： ん？

T： C8君、ありがとう。みんなは、ここまでの議論を聞いて、どっちですか？　この黒板の下のエリアに自分はどっちの意見か、ネームプレートを貼ってください。どっちかわかんないという人は、この「♥」ゾーンに貼ってね。

　子どもたちの意見は、「17640度」派と「18000度」派に分かれました。ワークシートには、多角形の名前とその下に内角の和が書き込める表を用意してありましたが、それ以外はK君の「問い」である本時の学習課題「百角形の内角の和は何度かな？」を全体に投げかけただけです。私がよく見かける授業は、授業者が最初の三角形、四角形の段階から丁寧に内角の和を確認しつつ、全体で既に「角の数－2」を確認してしまう授業です。こうすると、導入の場面では一瞬、ざわつき、授業が盛り上がったように見えますが、その後は全員が「－2」をして求めるため、子ども同士の意見のずれやタイムリーな「問い」が生まれず、全くおもしろくない授業となってしまうのです。

この授業では、感覚的に求めた「18000 度」派の子と慎重に求めた「17640 度」派の子たちの対立があったため、そこに「どっちだろう?」という新たな「問い」が生まれ議論が過熱しています。ちなみにこの時「18000 度」派には算数がよくできる子たちが多く含まれています。ですが、元々算数ができるか否かにかかわらず、常にいろんな子が「問い」を素直に出せる空気ができてきていたため、算数ができる子も少し苦手な子も関係なく対等に話し合いができているのです。「子どもの『問い』を軸とした算数学習」では極力授業者は出番を控え、子どもたちだけで議論が進み、素直な「問い」を出し合えるよう授業を構成していくことがとても重要ではないかと考えています。

【授業の続き】
〜 18000 度派 8 人、17640 度 22 人、「♥」ゾーン 6 人〜
T： 他に、まだ最終的に意見を言いたいという人?
T： C12 君。
C12：前に出ます。
C： はい。
C12：三角形は角が 3 個だから三角形といいますよね。四角形は角が 4 個だから四角形といいますよね。だから、百角形は角が 100 個だから百角形と言うのかなって思います。だから、三角形も 100 個できると思うし、だから百角形も 18000 度になると思います。だし、なんで百角形なのに三角形が 98 個になるかわかんない。
C： はい。(多数挙手)
C1： C12 さんは、角のことを言っているんだけど、でも、これは、できる三角形だから。
C： そう、それ。
C1： 三角形は 180 度ですよね?
C： はい。
C1： だから、角の数ではないと思います。
T： 確かめてみよう。いくよ、三角形は、内角の和は?

他の子たちも現在、どんな意見に変化しているのかがわかるよう、授業者が子ども一人ひとりに黒板にネームプレートを貼るよう指示しています。それらの意思表示を見つつも、それでもまだ納得していないC12君は、自分の意見を主張しています。わかろうとして聞きつつもまだ、納得していないため。自分の意見を主張できることはよいことであると私は考えています。この後は、時間も差し迫ってきたため、授業者と子どもたちとで一緒に「17640度」になることを確認できました。

ステージ5　新たな「問い」の設定と残された「問い」への対応

　本単元では、授業後に毎回振り返りカードの中で、その都度新たに浮かんだ「問い」があれば、そこに記すように伝えていました。そして、次時以降で扱うことができれば、急遽学習計画に組み込み、その「問い」の解決もタイムリーに行ってきました。第9時の授業まで行い、その時点で残った「問い」は以下の通りです。これらの「問い」は、学級だよりに第8時の授業の様子を褒めつつ一緒に掲載しました。そして、この中で最後に自分が興味を持った「問い」があれば、その中から一つを選び、自主勉レポートという形でまとめてくるよう伝えました。（以下参照）

　5年1組　みんなのさらなる「はてな（？）」
　　～「図形の角」の巻　ファイナル～
・なぜ、180°ずつ内角は増えていくのか？（C7）
・じゃあ、四角形の外角は、何度なの？（C8）
・六角形、十角形の外角は？（C2）
・外角は何度ずつ増えていくのか？　減っていくのか？（C1）
・2度や5度などの四角形も内角の和は360°になるのか？（なる）
・十角形を×10しても百角形の角度にならないのはなぜ？（C1、C7）
　例）十角形1440°×10＝14400°
　でも、百角形は実際は、180°×98＝17640°　ちがうのはなぜ？
・じゃあ、17640°って、どのぐらい？（C2）

・百角形もあるなら、1000角形もあるはず。そして、その内角の
　和は、何度か？（C11）
・百角形って、どんな形になるの？（C12）

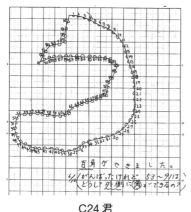

C24君
「百角形って、どんな形になるの？」

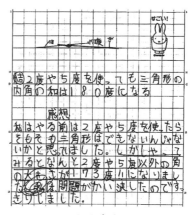

C10さん
「2度や5度を使って三角形をかいて
も内角の和は180度になるのか？」

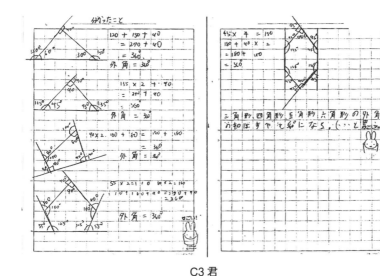

C3君
「六角形、十角形の外角は？　外角は何度ずつ増えていくのか？　減ってい
くのか？」

107

家の人と一緒に取り組む子、自分なりに試行錯誤して回答を導く子など、それぞれでしたが、クラスの半分ぐらいの子が自主的にレポートに取り組んできたので、こちらも学級だよりに掲載してクラス全体に紹介しました。

　このように、授業で出てきた子どもたちの「はてな（？）」は、できるだけ、子どもたちと一緒に解決できるように努めています。そうすることで、次の単元でも子どもたちは「問い」を持つ子とのよさや意味を感じ、さらに「問い」を自分たちで追究しようとする姿勢が育つと考えるからです。

　以下は、単元終了後に採った子どもたちの感想です。

・図形の角の学習は楽しかったです。わけは、話し合いでいろんな意見が出ていたからです。特に意見が二つに分かれたとき、話し合いがすごかったです。（C5）
・図形の角の学習は楽しかったです。３けた（百角形）までの角形を調べることができたし、百角形を調べるとき、できる三角形を調べて「百角形だから100個」いや「今までも四角形は二つで全て〇角形とできる三角形が二つずつだ。だから98個」などの話の対決が面白かった。（C20）
・私が算数の意見の波に乗ったのは、図形の角の勉強が初めてです。C12さんやC8さんがいろんな言葉を発表者に向けているうちに、私もたくさん反応するようになりました。話の中に入り込むと以外におもしろかったです。（C9）
・ぼくは、この算数の図形の勉強はすごくためになりました。わけは、「はてな（？）」を持つ力がついたと思うからです。これからもいっぱい疑問を出します。（C12）
・みんなで話し合って新しいルールを増やしていくのが楽しかったし、いろいろな答えが出て、どれがあっているのかを考えている時が楽しかったです。（C21）
・図形の角の学習では、次々と？が出てきて、班の人とたくさん意見をつくることができたから楽しかったです。（C4）

・図形の角の勉強は、「はてな（?）」がたくさん出てきてとても楽しかったし、おもしろかったです。また、みんなでたくさんの「はてな（?）」をつくり、授業をおもしろくしたいです。(C22)
・図形の角の学習では、わからないこともあったけど、みんなで解決したし、これからは今みんなでつくった新しいツールを使っていこうと思う。(C2)
・図形の角の学習を通して、みんな協力の力がついたと思います。発表して反応できたからです。算数が好きになりました。(C14)
・図形の角の学習では、班のみんなとも協力して話し合えたし、他のみんなの意見をよく聞いて発表もできたから楽しかったです。(C23)

『子どもの「問い」を軸とした算数学習』は、子どもの「問い」を始点として子ども主体で学習を進め、新たなる算数ルールを自分たちで創造していくことを目指して行ってきました。その効果はいくつもありますが、その一つとして、この感想にあるように、

○話し合いが楽しかった
○いろんな意見に触れて楽しかった
○「はてな（?）」がたくさん出てきておもしろかった
○「はてな（?）」を持つ力がついてとてもためになった
○みんなで話し合って新しいルールを増やしていくのが楽しかった
○みんなで協力する力がついた

などとこの学習の楽しさやおもしろさ、自分自身についた力などを子ども一人ひとりが実感していることです。後掲した「私の授業観」が実現しつつあることを実感しています。今後も、様々な単元で『子どもの「問い」を軸とした算数学習』を実践していきたいと思います。

私の授業観

〈授業についての基本的な考え方（・大切にしたいこと、重視したいこと）〉
子どもの「問い」を始点として、子ども同士で自分の考えや「問い」をつなぎ合い、共に新たなる算数ルールを創造する学習を目指していく。

A. 子どもの学習	子どもの「問い」からはじまり、その解決に向けて子どもたちが進んでかかわり合い、いろいろな考えをつなぎ合わせながら新たなる算数ルールを創り上げていく学習 ①単元の初めには子どもの「問い」を引き出しその「問い」からスタートする。 ②考えづくりや授業の途中に出てきた子どもの「問い（♥）」も取り入れ、つないでいく。 ③単元の終わりにも、新たな子どもの「問い」を引き出し、次につなげていく。
B. 授業の構成展開	1時間の授業の構成・展開は、以下の流れを基本とする ①単元の初めに出し合った子どもの「問い」をもとにした課題提示をする。（興味関心を引く一工夫をして課題提示をする） ②課題に対する自分の考えづくりをさせる。その際、「問い」があれば「♥」で書かせる。 ③子どもに自分の考えを出し合わせ、お互いの意見を比較、検討させる。 ④子ども同士の考えのずれや、子どもたちの「問い（♥ハートマーク）」をもとに、課題解決のための新たな学習主題を授業者と共に設定する。 ⑤新たに設定した学習主題に対する意見について自由に相談させ、新たな自分の考えをつくらせる。 ⑥お互いの意見を生かし、つなぎ合わせて新たなる算数ルールを創造させていく。 ⑦授業後には、子どもたちの新たな「問い」を引き出し、次なる学習につなげていく。
C. 教材の選定提示	①教材の選定は、いかに効率的に教えるかではなく、いかに教材の本質に迫る子どもの「問い」を引き出せる素材を提示できるかという視点で行う。 ②教材の提示にあたっては、子どもが自由に思いをめぐらして問題場面（なるべく子どもが思考・表現しやすい場面）を考え、新たなる数学的な課題を自分たちで設定できるように配慮する。 ③時に、ちょっとした一工夫を加え、はじめのトピックから自然に子どもたちから教材の本質にかかわる「問い」を引き出せるように提示する。（例：フラッシュ提示、形を変えておもしろ提示など）

D. 教師の指導	①助言、確認を中心にして指導に当たり、できるだけ、子どもたちが自分の考えや言葉で授業をつくり上げていくことを目指し、極力、教師がしゃべりすぎないように注意する。 ②子どもたちが自分たちで話し合いを進めていけるよう「話し方・聞き方」の指導は継続して行っていく。（「～ですよね」→思い思いの反応）
E. 学習規範の設定	子どもたちが次のような学習規範を遵守していくことを目指していく。 ①他の子どもの意見や考えを聞くときは、相手の気持ちをわかろうとして聞く。自分の主張をするだけでなく、相手の意見も積極的に自分の意見に取り入れたり、自分の考えと融合したりする。 ②間違っている意見もその子どもの気持ちは想像し、共感的に聞くようにする。また、間違った意見の中にも解決への大きな糸口があるかもしれないという意識で、そうした意見も大切にし生かし合おうとする。 ③誰もが自分の意見を恥ずかしがらずに、また間違いをおそれずに自由に言い合えるようにする。
F. 学力の共通認識	単に知識技能を学力と捉えず、次のような力を学力と考え学習の場でこれらの力を培い高めていくことを授業者と子どもたちが共に目指していく。 ア 「問い」を発見する力　　イ 課題、主題を設定する力 ウ 知識技能をフルに活用し、自ら問題解決に挑む力 エ これまでに習得してきた知識技能を使って、自分の考えを相手にわかるように表現する力　コミュニケーションする力 オ 知をつなぎあい、より一般化された新たな算数ルールを創造、構成する力

【参考・引用文献】

岡本光司・静岡大学教育学部附属静岡中学校数学科（1998）『生徒が「数学する」数学の授業』 明治図書

岡本光司・両角達男（2008）『子どもの「問い」を軸とした算数学習』教育出版

岡本光司（2011）『「有機体」としての算数・数学授業論—子どもの「問い」を軸とした授業を事例として—』常葉学園大学研究紀要教育学部第 30 号抜刷

岡本光司・土屋史人（2014）生徒の「問い」を軸とした数学授業　人間形成のための数学教育をめざして　明治図書

佐藤友紀晴（2005）『算数科における真の学力の育成をめざした授業実践1—子どもの課題設定力に焦点をあてて—』第 38 回数学教育論文発表会論文集 pp. 211-216

岡本光司（2007）『「状況的学習」を志向した算数・数学学習における「学力」』
　常葉学園大学研究紀要　教育学部　第 27 号　pp. 169-196

佐藤友紀晴（2011）『子どもの「問い」と学習の深化とのかかわりに関する考察
　―子どもの「問い」を軸とした算数学習を基底に据えて―』第 44 回数学教育
　論文発表会論文集　第 1 巻　pp. 183-188

岡本光司（2013）『算数・数学授業における「クラス文化」と子どもの「問い」
　―文化の特性・働きに関する知見を基にして―』　全国数学教育学会誌　数学
　教育学研究　第 19 巻　第 2 号　pp. 15-26

両角達男・佐藤友紀晴（2015）『算数授業において子どもの「問い」を軸とする
　ことの効果とその影響』　全国数学教育学会誌　数学教育学研究　第 21 巻　第
　1 号　pp. 75-88

岡本光司・両角達男・宮川健・岡崎正和・佐々木徹郎・佐藤友紀晴（2017）『生
　徒の「問い」を軸とした数学授業―人間形成のための数学教育をめざして―』
　日数教春期研究大会論文集　pp. 163-198

佐藤友紀晴（2021）『「問い」の位置づけ、意義、役割等に関する実証的研究―子
　どもの「問い」を軸とした算数学習を基底に据えて―』　第 103 回全国算数・
　数学教育研究（埼玉大会）発表要旨集　pp. 37

佐藤友紀晴（2022）『学級文化と算数授業との関連についての考察―
　子どもの「問い」を軸とした算数学習を通して～』　第 104 回全国算数・数学教
　育研究（島根大会）発表要旨集　pp. 97

Ⅴ. 5年「円柱と角柱」

酒井 信一

1.「私の授業観」と授業構想

　私は子どもが自分らしさを発揮し学習を進める中で、「問い」を持ったり、「問い」から「問い」がつながっていったりすることを通して、教材と向き合ったり、友達と共に学ぶことに楽しさを感じ、「もっと学びたい」と目を輝かせたりするような授業を行いたいと考えています。そのために授業を構想する際、どのようにしたら「問い」から「問い」につながっていくのかを大切にしています。そのために最初の「問い」は、きっかけになりそうな今までの学習を想起させるようなものを設定します。入り口は入りやすく、どんどん深くなっていくイメージです。

　また、授業構想で大切にしていることに「友達と共に」があります。「問い」を追究していく際に、自分だけではどうしても解決できないことが、友達と共に追究していくと解決できるそんな経験を多くさせたいと考えています。「友達のおかげでできた」「自分の考えが友達の役に立った」このような成功体験を積み重ねていくことが学級文化の醸成につながっていくと考えています。ですから、友達と試行錯誤するような「問い」が生まれてくるような構想をします。

　本単元でも、「いったいどうなるのだろう」と子どもが「問い」を強く持てるように構想しました。単元の中で子どもたちを惹きつける「問い」は、「三角柱の展開図は全部で何種類あるのだろう」になるのではないかと考えます。4年生の時に立方体の展開図が11種類であったことを想起し、「やっぱり11種類なのかな」「もっと種類があるのかな」など個々に「問い」が生まれていくのではないかと考えます。展開図を考えていく際、思いがけない展開図に出合う際、子どもたちはワクワクしたり、楽しさを感じたりすると思います。三角柱の展開図は全部で9種類。友達と試行錯誤しながら答えに辿り着くように願っています。

2. 授業計画

子どもたちは何をこの単元で獲得していくのか
・立体は、立体を構成している底面・側面の形や平行・垂直の位置関係に着目すれば角柱・円柱に分類することができる。 ・図形の持つ特徴は、点・辺・角・面の数の大きさ、位置に着目して調べること。 ・展開図をかいて立体を構成する活動を通して、角柱や円柱についての理解を深め、空間についての感覚を豊かにする。 ・角柱の底面は3・4・5…角形である。

子どもたちの「問い」はどんなものが予想されるのか
・立体はどのような種類があるのだろうか。 ・立体を種類別に分けるのには、どんな視点があるのかな。 ・角柱と円柱、側面の数などはどうなっているのかな？ ・展開図はどうやってかけばいいのかな。

子どもたちが何に「楽しさ」を感じるのか
・自分なりの視点で立体図形を仲間分けすることができる。 ・立方体や直方体だけではなく、その他の角柱や円柱があることを知る。 ・立方体や直方体の展開図のように、展開図にはいろいろな種類があり、それは底面により数が変わっていくこと。

　上記の通り、教材研究をしていくと、子どもたちの「問い」としては展開図に関係したものが多くなると予想できました。4年生「立方体と直方体」で子どもたちは「展開図は何種類あるのだろう？」という「問い」に熱中して取り組みました。今回の教材もその記憶を想起させれば、「楽しさ」を感じ、子どもたちの中から「問い」が生まれるのではないか、また、つながるのではないかと構想しました。

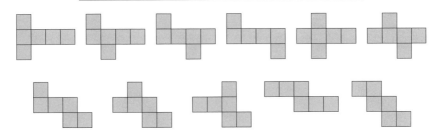

　子どもたちはこのような知識がありますので、三角柱の展開図を自由
に描かせる場を設定すれば、自然と「いったい、三角柱の展開図はいく
つあるのだろう？」という「問い」が生まれると考えました。

展開図は
この形だけなのかな？
予想される「問い」

今までの経験から展開図にはいろいろな種
類があるのではないかという考えが生まれ
るのではないか

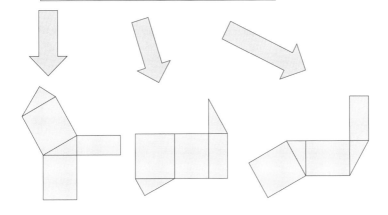

立方体は 11 種類ありました。三角柱の展開図は、底面の三角形の形で展開図の種類の数が変わります。「底面が正三角形の三角柱なら 9 通り」「底辺が二等辺三角形なら 23 通り」「底辺が不等辺三角形なら 42 通り」になります。これら底面のちがいで数が変わることは「問い」のつながりになりそうです。

3. 授業展開の実際

第 5 時 「三角柱の展開図をかこう」

　単元が始まり、子どもたちは円柱と角柱はどのような形なのか、頂点や辺の数や面の形に着目して学習してきました。第 5 時の「三角柱の展開図をかこう」で子どもたちの「問い」から「問い」がつながる場面が生まれると考えました。

T：　教科書に「底面に 4cm の正三角形がある高さ 5cm の三角柱の展開図をかいてみましょう」とあるけど、みんなつくれるかな?

C：　なんとかやってみる!

C：　展開図って 4 年生の時にやったね。

31 人の学級の内、30 人が以下のような展開図をつくりました。

学級の中で唯一、A 君一人だけ以下のような展開図をつくりました。ここに子どもたちの考えの中にズレが生じました。

友達との考えのズレ

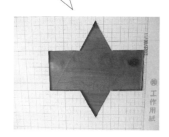

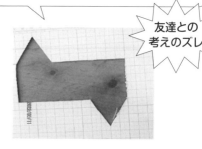

T： みんな　展開図がかけたね。みんな、同じ展開図なんだね。

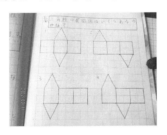

A君

C： うん。たぶん、みんな同じ。

C： あ！Aくんだけちょっと違う！

C： 上と下の正三角形の位置が違う。

C： なんか、立方体の展開図みたいに、いろいろな種類があるのかな？

C： そうそう、いろいろな種類があるんじゃないかな？

T： それでは、みんなで考える「問い」はどうなるのかな？

C： 「三角柱の展開図はいったい何種類あるのかな？」になると思います。もしかしたら、立方体みたいに11種類あるかも。

C： えー。そんなにないでしょ。

C： 意外と11種類を超えるかもしれない。

T： それでは、みんなの「問い」を確認するね。

三角柱の展開図は全部でいくつあるのかな？

C： うーん、いったいどれくらいの展開図があるのかな？

C： 立方体と同じくらいあるのかな。

A君

C： もうこの（上記写真）４種類しかないよね。

C： ひっくり返すと同じになってしまうから、この４種類で確定だね。もうこれくらいしかないよ。

C： 三角柱の展開図って、意外と種類が少ないんだね。

C： ちょっと、変な形で三角柱をつくっている！B君、すごい！！

C： うわー！何これ？

C： え、ちょっと意味がわからないんだけど、これってちゃんとできる？

C： やってみると、三角柱になるんだね！面白い。

B君

C： わかった！これって、立方体の展開図の応用なんじゃないの？

C： 応用ってどういうことなの？

C： だって、立方体の展開図に似ているところがあるじゃん。

C： 立方体の展開図だったら、今まで考えてきたものって、側面が四つ並んでいるものじゃん。でも、側面が並んでいないものでも、展開図ができたよね。

C： そんなものもあったよね。立方体の展開図を真似しながら考えてみよう。

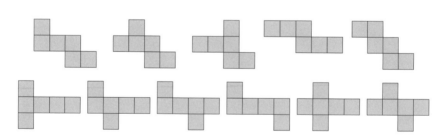

118

C： 立方体の展開図はこのように11種類だったね。

C： 4年生の時に、みんなで展開図をつくって確認したね。

C： なかなか見つからなくて大変だったよね。

C： 立方体の展開図をヒントに考えられないかな。

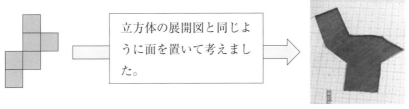

立方体の展開図と同じように面を置いて考えました。

C： このように、立方体の展開図からこんな形を考えたよ。

C： 他にもこんなように生かすことができないかな。

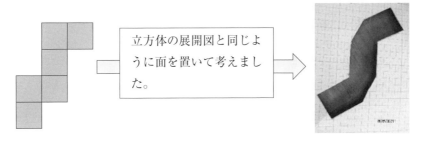

立方体の展開図と同じように面を置いて考えました。

C： こんな形もできるよ。結構、立方体の展開図が使えるね。

C： やっぱり、三角柱も11種類あるのかな？

C： えーと。11種類できない！

C： え！何で？

C： だって、側面が三つしかないから、立方体はこの考え方で六つ
つくれたけど、三角柱は四つしかつくれないよ。

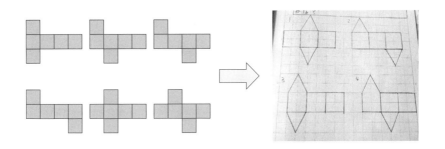

C: じゃあ、三角柱の展開図の数は、立方体の展開図より少ないかもしれないね。二つ少ないのかな。

C: 三角柱の展開図は全部で9種類だ！

C: 11種類だと思っていたけど、数が少なかったね。

T: それでは全部の三角柱の展開図は9種類になるんだね。

C: え、ちょっと待って。4年生の時、立方体は11種類だったけど、直方体はめっちゃ種類があったじゃん。

T: そうだね。4年生の時にみんなでめちゃくちゃつくったよね。直方体の展開図は全部で72種類あったよね。

C: そうかあ。底面の形が正三角形の場合は、立方体と同じだけど、底面の形が他の三角形だったら、また条件が変わってくるよね。だとしたら、70種類近くあるのかな？

C: 他の（底面の）形の時は何種類なのかな？

T: いい「問い」を持てたね。「底面が正三角形の三角柱の展開図は全部で何種類あるのかな？」から、「底面が他の三角形の三角柱の展開図は全部で何種類あるのかな？」に「問い」が広がったね。

C: やってみよう。

T: 今日は授業の時間が終わってしまうので、どうしようかね。

C: おもしろそう。やってみるよ。

　後日、休み時間や家庭でいろいろ試した結果、二等辺三角形は23種類あること、不等辺三角形はかなりの数があることを子どもたちが突き止めた。インターネットで調べた子は42種類あることを発見した。

4. 本実践を通して

　工作用紙を配布し、実際に三角柱をつくる作業をまず授業で始めました。子どもたちは、4年生の時の経験を生かし、展開図を様々な種類をつくると予想していましたが、意外と同じような展開図をつくりました。展開図というと側面が並んでいるイメージが子どもたちに強かった

かもしれません。また、簡単に展開図をつくることができるので、一番簡単な方法で展開図を書こうとしたかもしれません。

　そこでA君だけが唯一、少し違う形の展開図をかきました。この友達との考えのズレから、「三角柱の展開図の種類はいくつあるのか」という学習問題が生まれると感じ、31人全員が展開図をかき終えた段階で、「問い」を生む教師の発問を全体に投げかけました。しかし、A君も側面を3面並べていることについて同じような考え方だったのです。

　子どもたちはなかなか展開図の種類は増えないでいました。子どもたちの基本的な考えは下のような展開図です。側面が三つ並んでおり、上底面と下底面を探す方法が子どもたちにとってわかりやすい方法でした。

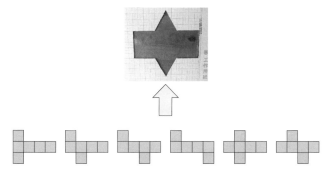

　多くの子どもたちは4種類と予想していく中、全く別の方法で展開図を考える子がいました。私たちの学級では考えづくりの際、他の子の考えを自由に交流できる時間があります。その時間に新しい考えに出合い、衝撃を受けた子がいました。側面を3面並べ3×3という計算で種類を求めていたある子にとって、上のような立方体の展開図を生かした展開図は衝撃的でした。この展開図を見た時、その子は「うわー！」と感嘆の声を上げました。側面を並べなくていい発想は彼の中でなかったのです。ここで、さらなる「問い」の登場です。4種類の展開図しかないと考えていた子たちの中に「展開図の種類がもっと広がるのではないか」という新たな「問い」が生まれていきました。子どもたちはどうして11種類ではなく、9種類になるのか側面の数を根拠に考えをつくることができました。

今回は「円柱と三角柱」の実践を紹介させていただきました。このように「問い」がきっかけになり、友達と考えをつくっていき、「問い」から「問い」につながっていく経験を重ねていくことが学級文化の醸成につながっていくと考えています。わからないことがあればまず考え、友達と相談していくことを単元構想に生かしていきたいと思います。

私の授業観

基本理念	子どもが自分らしさを発揮し学習を進める中で、「問い」を持ったり、「問い」から「問い」がつながっていったりすることを通して、教材と向き合ったり、友達と共に学ぶことに楽しさを感じ、「もっと学びたい」と目を輝かせる授業
子どもの学習	・子どもが、興味深い教材と出合い、ワクワクしながら、「どうしてそうなるのかな」「どうしたらできるようになるのかな」と粘り強く取り組んでいく姿 ・子どもが、「何を明らかにしたいのか」「何ができるようになりたいのか」を明確に持っていること。そのために、試行錯誤しながら、友達と共に解決していく姿
授業の構成	ステージ1　単元を見通すことができる「問い」との出合い＋この単元を学ぶよさに触れる。 　「こんなことができるようになるといいな」「どうしてこうなっているのかな」 ステージ2　自分や友達の「問い」をはっきりと 　自分や友達が「何を明らかにしたいのかな」「何ができるようになりたいかな」 ＊見える化し、教室に掲示したり、学級通信に載せたりして、共有する。 ステージ3　解決の手順を友達と考えよう 　共有化された「問い」をどのような手順で解決していくのか、道筋も共有する。 　解決していく道筋も学級掲示や通信で見える化し、保護者にも発信していく。 ステージ4　できるようになったことをみんなで分かち合おう 　自分や友達がどのように「わかった」のか、「できるようになった」のか発表し合う。 ステージ5　いつでも、どこでもいえるかな・できるかな？（一般化されたかな） 　いつでも、どんな時でも使えるのかを、友達や教師とチェックする。（テストを含む） ステージ6　できるようになったからこそ、さらにできること・わかりたいこと 　学習したことを踏まえて、「さらに明らかにしたいこと」「できるようになりたいこと」を話し合っていく。

教材の 選定・提示	・子どもや学級文化に応じて適した教材を開発していく。自己で開発することで、その単元・授業について深い理解をし、子どもたちとの授業を共に、柔軟につくり上げていく。 ・子どもの「問い」が単発で終わることなく、「問い」から「問い」につながることができるのだろうか。その「問い」を解決することに楽しさ、必要性があるか。 ・単元が終了したときに、できることが明確になったり、見える化できたりするなど、子どもに達成感が感じられるのか。友達とかかわることによって自己肯定感の醸成
教師の指導	・子どもの「問い」に、なぜこの子はこのような「問い」を考えたのかと考え、その「問い」をその子が最適に解決するためには、どうしたらいいのか考えられる教師 ・自己の授業だけでなく、他クラスと連動してより効果的な授業を目指していく。 ・個々をじっくりと見取り、その子が必要としているものを用意することができる。 ・自分の考えが、相手の考えに影響する実感する経験を積み重ねていく。学習を自分たちでつくり上げる達成感を得る授業を意図的に構想する。
学習の規範の 設定	・困ったことがあったら、励まし合う win-lose ではなく win-win ・みんなが教え合うことで、相手も、自分も成長していく　みんなにとってもいいこと ・相談することで、自分一人で考えるよりもよりよい考えをつくることができる。 ・友達の考えを生かし、それをヒントに新しいことを考える
学力の 共通認識	・自分が本当に解決したい「問い」を持つ力 ・興味や関心を持ちつつ、「問い」に対して粘り強く取り組む力 ・自分や友達の学習状況を把握する力 ・学力がつくということは、自分だけではなくみんなについて初めて完成する。 ・「問い」を解決するために試行錯誤したり、柔軟な発想をしたりする力 ・自分や友達が学んだことを、相手に伝わるようにまとめる力

Ⅵ. 5年「割合とグラフ」

横山　剛志

1. 「私の授業観」と授業の構想

　私は「子どもの「問い」を軸に、互いの考えや思いを認め合い、算数・数学を創造する授業」を基本理念に授業を構想しています。授業は、資質・能力を育成するものでありますが、その目的を達成するための活力となるものが、子ども一人ひとりの「問い」ではないでしょうか。単元の目的やねらいなど、必要性を理解するだけではなく、子どもに内在する「問い」があってこそ、学び甲斐が生まれると考えます。また、授業は学級で行われる営みである以上、学級という集団の中で、子ども一人ひとりが自身の存在価値を感じてこそ、学びが成立していくのではないでしょうか。「問い」を含め、各々の考えや思いを認め合ってこそ、算数・数学が創造され、資質・能力の育成につながっていくと考えています。

　そんな授業を創り上げるために、本実践でも、岡本が提唱する子どもの「問い」を軸とした算数授業の五つのステージに沿って単元を構想しています。

　本単元では、「子どもにとって切実感のある『問い』を引き出せるような課題提示の工夫」として、子どもの生活経験を生かした導入を行いました。子どもたちは、「割合」という言葉やそれに関連することを日常生活の中で使ったり、どこかで耳にしたりしています。しかし、いざ「割合って、何？」と聞かれるとはっきりと答えることが難しいであろうという推測のもと、この曖昧さが「問い」を創出するきっかけとなるだろうと考えました。

　また、割合が日常生活と関連付いていることに意識が向けば、割合の有用性やよさに気付き、算数を学ぶ意義を感じられるであろうと考えました。本稿では紙面の関係上網羅はできませんでしたが、教科書に取り

上げられる問題を子どもの「問い」と関連づけ実践を行いました。

2. 授業計画

時数	学習内容
1	「割合って何？」はてな？書こう
2	割合のはてな？を分類して、学習計画を立てよう
3	割合とは何だろう。C5の「問い」から考えよう
4～10	割合はどこで使われているか？（C22） どんな時に割合を使うのかな？（C4） （百分率、歩合　全体と部分　部分と部分の問題）
11・12	割合は、グラフで表せるのかな？（C3・C23 他多数）
13	円グラフや帯グラフをかこう
14	グラフから読み取ろう。
15・16	練習　テスト

3. 授業展開の実際

ステージ1　教師によるオリエンテーション、動機づけとしての算数的活動等

第1時　割合って何？

　授業開始直後「割合とグラフ」と板書し、間を取りました。すると、子どもからさまざまなつぶやきが聞かれました。

C：　割合って？

C：　グラフって何？

C：　棒、折れ線、円グラフとか？割合と関係しているの？

C1：　辞書で調べると「二つ以上の数量の関係を数で表すこと。割、率、歩合」と書いてある。

C2：　「5本に1本の割合で当たる」って例で書いてある。

C3：　消費税8％も関係あるよ。100円だったら8円でしょ。1000だったら80。10000だったら800…100000だったら8000。

T：　消費税以外にどんな時に使われるか知っている？

C4：　買い物で何％オフとか。

C5：　12月から1月になったら年越しそばが半額になってた。

C6：　野球で、打率や防御率で使っているよ。6割2分5厘。

「割合とグラフ」と板書をしただけで、子どもたちからさまざまな発言が聞かれました。「教師が問題を出し、子どもが答える」という教師主導の授業では、子ども自らが教材にかかわろうとしていくことは難しいと考えます。子どもの実態を捉えると同時に、子どもの気づきや「問い」を生かした授業を積み重ねてきたからこその表れであるといえます。また、C1やC2は、割合という意味を辞書で調べています。「問い」に直面したときの対応として、さまざまな資源を活用することを価値づけていった結果が見て取れます。友達や家の人からの知識、塾などの習い事で教わったこと、教科書や参考書、インターネットに載っていること、さまざまなものへのアクセスをフリーにして、子どもが「問い」を解決するための手段を自ら選択し、動き出せるように働きかけていく必要があると考えます。

ステージ2　子どもによる「問い」の記述とその共有

　次に示したものは、子どもが書いたはてな？を内容ごとに分類したものです。

　①割合そのものに関するはてな？

　・割合とは？（C4）

　・何の数が出るか（分数や小数）（C7）

　②求め方に関するはてな？

　・割合の求め方は、どうやるの？（C1、C2、C3、C7、C8、C9、C10、C11、C12）

　・割合は式に表せるか？（C13、C14、C15）

　・割合の計算の公式は？（C7、C12、C16、C17、C18）

　・割合や百分率を求める式は？（C19）

・円周÷直径のように「割合とグラフ」にも公式があるのか？（C20）

・例えば５％＋－×÷２％＝？（C15）

③単位に関するはてな？

・歩合と百分率のちがいは？（C19）

・割、分、厘とは一体何？（C21）

・割分厘の求め方は？（C14、C18）

・６割２分５厘とは？（C4）

・パーセントって何？（C3、C4、C13、C16）

・パーセントと確率は同じ？（C3）

・割合の「単位」は何個あるのかな？（C15、C17）

・円グラフで使う単位は？（％しか見たことがない。％以外にも個やtなど）（C21）

・割合とパーセントの関係は？（C2、C11）

・パーセントや割合のちがい？（C9）

・パーセント以外にもどんな単位があるのか？（C12）

④グラフに関するはてな？

・割合を円グラフでかくことはできるのか？（C21）

・割合は、グラフで表せるのか？（C3）

・円グラフのかき方は？（C21）

・棒グラフとか折れ線グラフと円グラフの違いは？（棒グラフだと多い順で書いていたから）（C21）

・グラフは何種類あるのか？（C2、C10）

・棒グラフ、折れ線グラフ、円グラフ以外のグラフは何があるのか？（C22）

・割合のグラフはどのようなことに使われているのか？（C9）

・円グラフをつくるときまりがあるのか、やり方があるのか、ちがいがあるのか？（C23）

・割合とグラフの関係は？（C12、C18）

⑤具体的な場面に関するはてな？

・割合はどこで使われているか？（C22）

・どんな時に使うのか？（C4）

・「8回投げて、6回20m超えた」「10回投げて、7回20m超えた」
　どっちの方が成績がいい？（C5）
・命中率って何？（C24）
・命中率はどうやって出すの？（C17、C25）
・命中率で出したパーセントは本当に当たるの？（C24）
・命中率は予想なの？（C24）
・防御率の出し方は？（C6）
・打率で、代打で出て、途中で交代になったらどうなるの？（C6）
・エラーの場合は、打率はどうなるの？（C6）
・どうやって比べるの？（C12、C20）
⑥その他のはてな？
・なんで消費税は8％なのか？（C13）
・消費税は必ず8％なのか？（C26）
・8％は何円？（C12）
・きまりの数はあるのかな？（C15）

　ステージ1において、割合に関する知識や経験が語られることによって、「割合とグラフ」に関するはてな？を表出するきっかけとなりました。

　ここで出たはてな？は、自由奔放に出されているものであるため、これらをきっかけにして、主題設定をしていく必要があります。また、授業中、発言のない子もいます。そのような子を含め、一人ひとりが何を考えているのか、どんなはてな？を持っているのかを明確にするために、このように記述することが欠かせません。

ステージ3　子どもの「問い」を軸とした学級としての「学習主題」の設定

第2時　はてな？を分類して、学習計画を立てよう

　第2時ではまず、個々が書いたはてな？を短冊に書き写させました。次に、短冊を黒板に貼り、互いのはてな？を概観しました。以下は、その後の話し合いの一部です。

C22： そもそも、割合って何かわからないとできないから割合とは？
　　　から考えた方がいいと思う。
C10： 簡単なものからやっていけばいい。
C9： 割合の求め方でまとめられる。
C： 割、分、厘とは？でまとめられる。
C： ％とは？って単位と一緒？
C： どんなところで使うかって具体的な問題もある。
C27： プロテインと水の溶かし方って割合に関係ありそうだよね？
C3： 200％のパウダー増量とか意味わかんない。

　短冊を見て話し合いながらまとめていく中で、そもそも割合とは何かがわかっていないから、そこから解決しようということになりました。さらに、具体的な問題となっているボール投げのはてな？を考える中で、割合とは何かを考えればいいのではないかと話し合いが進み、その考えづくりから取り組むこととなりました。

　5段階方式の授業を重ねると、子どもは自然と「問い」を分類し、学習の順序を考えるようになります。単元の学習内容すべてを子どもの「問い」で網羅するばかりではありませんが、そのような場合は、教師側からも「○○のようなことも考えていく必要があるよね」と提示することもあります。

　各々が出した短冊を概観し、自分や友達の「問い」を受け入れ、はてな？を分類・整理するこの活動は、「割合とグラフ」の学習をどのように進めていくか見通しを持つと同時に、解決していこうとする主体的な姿につながりました。また、一人ひとりが短冊に自分のはてな？を記すため、個が生きる場となり、さらに、互いの考えや思いを受け入れ認め合う場となっています。

ステージ4　「学習主題」の協働的追究とまとめ
第3時　割合とは？
　「A：8回投げて6回入った。B：10回投げて7回入った。どちらが成績はいいのかな」（C5作成）の問題から考えよう

C27： Ａをそれぞれ２回ずつ増やすとすると、10回で８回入ったことになるからＡの方がいい。

C4： 完璧に２回入るとは限らないよ。

C25：２回とも入らないことだってあるから駄目だと思う。

C2： ８－２＝６で10－３＝７だから。

C25：どこから２は出たの？

C10：なぜ２を引くの？

T： 同じような考えをしていたのがC3さん、どう？

C3： Ａは８－６＝２で、Ｂは10－７＝３でＢの方がミスが多く、Ａの方がミスは少ないでしょ。だからＡの方がいいと思う。

C： 順番的には、C3さんのからC2さんの数が出ているよ。

T： そういうこと？

C2： うん、そう。

C17：でもさ、８回より10回の方が失敗しやすいんじゃない。多くやっているし。

T： 同じ考えだったけれど、C21さんどう？

C21：初めは、そう考えたんだけど、投げた回数がちがうから駄目だと思った。

C22：やった回数をそろえればいいんだよ。

　　教師は子どもの考えを把握し、少数意見であるC27のＡの回数を増やし、Ｂに合わせた考えから発表させました。その後も、差で成績を比べる考えも出される中で、C25やC17は、それらの考えの不備を指摘しています。間違いを指摘されることは、子どもにとって決して気持ちのよいものではありません。しかし、考えた本人がなぜよくなかったのかをきちんと理解するためには、必要な議論であると考えます。また、そんな考えをもできる子どもの発想、創造力を大切にし、一緒に考えることの楽しさとありがたさを共感し合いたいとも考えています。

　　T： C22さん発表してくれる？

C22：8と10の公倍数が40でしょ。だからAは40÷8をして5。
　　　6×5＝30。Aは40回やって30回入ったことになります。
　　　Bは、40÷10＝4。だから7×4＝28。40回やって28回
　　　入ったから、Aの方が成績がいいと思います。

C10：僕も、似ていて、通分した。Aは$\frac{6}{8}＝\frac{30}{40}$、Bは$\frac{7}{10}＝\frac{28}{40}$だ
　　　からAの方がいい。

T：　この分母そろえるってどういうこと？

C：　投げた回数を同じにしたんだよ。

C4：　私は、小数で比べたよ。Aの$\frac{6}{8}＝0.75$。Bは$\frac{7}{10}＝0.7$だか
　　　ら、Aの方がいいよ。

T：　C1さんも小数だったよね？発表してくれる？

> C1　小数で比べる
> A：6÷8＝0.75　B：7÷10＝0.7
> 　　　　↑1回に入る数

C1：　私もわり算して、Aは0.75で、Bは0.7になりました。

C6：　1回に入る数で比べたんだよ。

T：　C6さん、式を読んでいるね。

C25：多い方がいいんだよ。

C10：Aの方が1回に0.05回多いからAの方が成績がいい。

C25：これって確率？

C：　（「確率」を辞書で調べる）

C16：あることがどの程度起こるか数で表したもの。

C26：降水確率とか。

T：　確率は、割合と関係あるのかな？

T：　同じように小数なんだけど、C12さんは別の式なんだよね？

C12：私は、Aは8÷6＝1.333…で、Bは10÷7＝1.432…と。

C10：1.33…って何？

```
C12　小数で比べる
A：8 ÷ 6 = 1.33…　B：10 ÷ 7 = 1.432…
```

```
外す数だとすると 2 ÷ 8 では？
```

C：　　外す数？

C25：外す数だと 2 ÷ 8 じゃない？

C：　　…（沈黙）

C12：1 回入るときに投げた数。

C：　　…

T：　　もう 1 回言って。

C12：1 回入るときに投げた数。

C：　　あー。

T：　　意味がわかったね。今度は、どう比べたの？

C：　　今度は、少ない方がいい。

T：　　これらの考えに共通することって何？

C4：　条件を同じにするってこと。比べられるじゃん。

C3：　もとを同じにする。

T：　　C22 さんのも通分も、小数も投げた回数を同じにしたんだね。

C22：でも、これってやったことじゃん。だからさ、簡単だけど、これはねらいじゃないんじゃない。

C：　　……

C1：　もう一回調べたんだけど、割合とは、ものとものとの関係を数で表したものって書いてある。

C17：40 回やって 30 回入ったというのも割合？

と話し合いが続き、子どもたちは、二つ以上のものを比べるには、1 あたり量を求めるなど、条件を同じにすれば比べられることを確認することができました。

割合の意味に迫る場面としては、「C10：1.33…って何？」「C：外す数？」「C25：外す数だと 2 ÷ 8 じゃない？」と子どもたちのはてな？が自然とつながり、比較量を基準量で割った商が何を意味しているかを話し合う姿が見られます。

　一方で、C22 が言っているように、割合の意味やよさについては、深く理解するところまでは至りませんでした。そのため、本時では、複線図を使って割合の意味について、教師と共に押さえていきました。

第11時　割合は、グラフで表せるのかな？

　ここでは、教科書に掲載されていた「都道府県別のりんごの出荷量と割合を表したものです。割合を表すグラフについて調べましょう」という問題のデータを用いました。既習の棒グラフと折れ線グラフの意味の確認後、グラフ作成に移りました。多くの子どもが、今までの経験から棒や折れ線グラフで表せないかと挑戦していました。一方で、塾等で知識のある子や教科書を見たことがある子などは、帯や円グラフに表してみようと試みました。子どもが考えたグラフの一部を以下に掲載します。

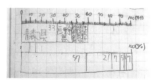

割合、出荷量とも数直線上に表した C2

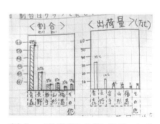

割合、出荷量を棒グラフで表した C20

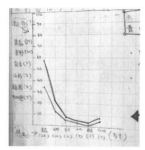

割合、出荷量ともに折れ線グラフで表した C16

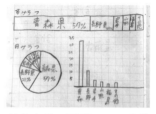

割合を帯・円グラフ、出荷量を棒グラフに表した C22

次の時間は、割合を表すには、どんなグラフが適切か、話し合うことになりました。

第12時　割合を表すグラフはどうかくのがいいのかな？

割合を表すグラフとして、どのグラフがいいかを理由と共に考えるよう指示を出しました。子どもたちは教師の投げかけ後、自由に席を歩き回り、互いにつくったグラフを見合いました。以下は、その後の全体での話し合いの様子です。

C1：　円グラフが色で別れてわかりやすい。

C4：　大きい順で書いてあって見やすい。

C6：　その他を除いている。

C：　　その他はなぜ除くの？

C6：　いっぱい含んでいるからだよ。

C20：C16さんのは、折れ線グラフだけれど、割合と出荷量が一つになっていて見やすい。割合と出荷量の差がわかる。

C：　　小さいメモリがないとわかりづらいよ。

C26：C5さんの棒グラフがいいと思う。どちらも表すことができている。

C6：　棒グラフは、それがどれくらいあるのかを示していたよ。

C：　　折れ線グラフのように今回も、上がり下がりはいらないんじゃない？

C15：帯グラフがよかったです。メモリがあってわかりやすいから。

C：　　でも、帯の中に割合を書かないとわかりにくい。

C22：100％という限界があるから帯グラフや円グラフはいいと思った。

C17：もとにする量という終わりがあるから割合のグラフは円や帯グラフが使われていると思う。

C24：半分を超えているってことは50％以上でしょ。円グラフは半分を超えているかどうかパッとわかる。

T：　　C24さんが言ったように半分や$\frac{1}{4}$などの大きさは捉えやすいね。

教科書の流れでは、円・帯グラフで表された割合のグラフを読み取るところから始まっています。一方で、子どもの「問い」は、「割合は、グラフで表せるのか?」「円グラフのかき方は?」です。社会、理科等で、円グラフ、帯グラフを読み取る経験はしてきていますが、今までつくったことのないグラフだけに、そのつくり方やよさまでは、感じていないのが実態です。

　グラフをつくるためのデータとして、出荷量と出荷量の割合の二つを同時に扱ったことで、グラフの選択や割合を表す適切なグラフはできないかと悩む姿も見られました。グラフ作成前に既習のグラフの特徴や使い方について確認をしていましたが、自由にグラフをかかせたことで、再度棒グラフや折れ線グラフの特徴を確認したり、円・帯グラフのよさやそのちがいについて触れたりすることができました。その後の第13時では、円グラフや帯グラフで表す練習を行いました。

第14時　米の品種別収穫量のグラフを読み取ろう。（教科書の問題）

C5：　その他が多いです。米を作りやすい環境だと思う。

C19：ひとめぼれ、ヒノヒカリ、あきたこまち、はえぬきが $\frac{1}{3}$ を占めています。

C27：色がついていて見やすい。

C：　　それって関係なくない?

C21：品種が多いのがわかります。

C17：1県あたりで考えるとあきたこまちが多いのでは?

C3：　コシヒカリは $\frac{1}{3}$ もあるからつくるのが簡単なの?

T：　　C3さんやC5さんは、グラフを見てぱっとわかることだけでなく、そこから何がわかるかや思ったことを考えているのがわかるかな?この見方すごいよね。

C17：社会と一緒じゃん。

C：　　コシヒカリは、病気になりくいんじゃない?

C：　　安いからたくさんつくられているかもしれない。

C25：いろんな環境でつくれるんだと思う。

C10：円グラフは、大きさで割合がパッとわかるからいいね。

この学習を通して、円グラフの見方、円グラフのよさ、さらに、グラフからの考察の仕方など、子どもたちの発言がつながり、理解することができました。「割合を示すときは、円や帯グラフで表します」という一方的な提示ではなく、子ども自身が創造する過程を通したからこそ、グラフの表し方にも意味があることを実感することができました。さらには、算数の割合の学習が、算数という教科で完結するものではなく、他教科とつながりがあることを感じることもできました。

　書面では、子どもたちの話し合いや活動を中心に示しましたが、この学習を終えた後は、定着のための練習問題にも取り組みました。

ステージ5　新たな「問い」の設定と残された「問い」への対応

　単元を終えてから、新たなはてな？を書く時間を設けました。以下は、内容ごとにまとめたものです。

　①割合に関するはてな？
　・割合は何のためにつくられたのか。（C11）
　②グラフに関するはてな？
　・円グラフや折れ線グラフ、棒グラフ、帯グラフ以外にどんなグラフがあるのか。（C19）
　・％と人数や量、2つを正確に表すグラフはあるのか。どうやってつくるのか。（C22）
　・円グラフは、なぜ一番大きい方を最初にするのか。（C14）
　・グラフは何年前につくられたのか。何グラフからつくられたのか。最初は何に使われていたのか。（C11）
　・円グラフで100％をこえたときはどうするのか？（C12）
　・帯グラフや円グラフに色がついているけど意味あるの？（C8）
　・理科で使われているグラフ（ふりこ）は何？（C26）
　・他にグラフはないのか？（C2、C17、C18）
　・円グラフは、どうやって正確にかくことができるのか？（C9）
　・円グラフのかき方でもっと簡単なかき方はあるのか？（C1、C24）
　③歩合に関するはてな？

・歩合は無限に表すことができるのか。（C13）
・２割引きなどと商品に書かれていることはあるけれど、２分引き、２厘引きはどうして使われないの？（C16）
・十分率とかはあるのか。（C6）
・割合はどんな大きい数でも割分厘と表すことができるのか。（C20）
・割・分・厘の次は？（C9、C18）
④求め方に関するはてな？
・「３％－２％」のような％での計算はないのか。（C21）
⑤その他
・命中率で出した、％は本当に当たるのか？（C24）
・消費税では、0.001％とかあるのか。（C15）
・ハッピーターンの100％超えは、何をもとにしているか？（C3）

　これらからもわかるように、単元を終えてもなお、はてな？が浮かんできていることがうかがえます。また、１時間の授業終盤の子どもの新たな「問い」が翌日の授業へとつながる場面もありました。ステージ５の活動が、次の単元や上の学年の学習へとつながることが多々あります。子どもの考えを表出する機会を設け、子どもの思いをくみ取るこの地道な作業が、子どもの「問い」を生かす授業を支えています。
　本実践では、新たな「はてな？」を解決するために、時間の関係上、宿題としてではありますが、割合のレポートを課しました。
　次に提示したレポートは、その事例です。

?どうして2割引きはあるのに2分引きや
2厘引きはないの?

予想
・計算がむずかしいから?

聞いてみた!!～お母さんに～
　　　　　　（服屋をやっているから）
・2割引きは0.2。
　□×0.2＝○ やりやすい　─0.2とかになっちゃって単位がおかしくなっちゃうのでは!?
・2分引きは0.02。
　□×0.02＝○ やりにくい
・2厘引きは0.002。
　□×0.002＝○ やりにくすぎる

しかも...
2厘引きなんてたいして安くならない!?
買ってくれない(かわりにくい)

第一...0.2円引きなんて0円引きと同じ!!
2円引きもたいして変わらない!!
全然おとくじゃない!?

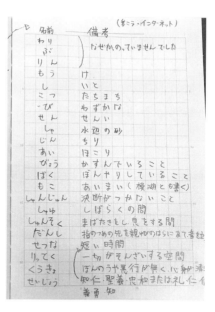

139

これらの取り組みは、今求められている「学習の個性化」にもつながります。宿題にしている点で、時間やものの保障、あるいは、支援が足りなくなってしまいましたが、一人ひとりの「問い」や思いを見取り、それを解決するための方法の確認によって、より内容の質を上げていける余地があると考えます。

　単元終了後、子どもに「問い」を生かす算数授業についてのアンケートを取りました。

　次に記した文は、アンケートへの回答の事例です。

・最初にみんなのはてなを出し合ってみんなの考えと自分の考えを比べて授業を進めていくからわかりやすい。終わった後にもまた新たなはてなを出すからまた自分でも調べられる。はてながわかったときは、気持ちよかった。(C8)

・いろいろわからないことを書いて、その疑問を解決していくことで、わからないことがわかるようになるのでこの進め方でいいと思う。とてもわかりやすかった。いろいろな疑問が次々と出てきて、どんどん楽しくなってきて、その疑問を解決すると、もっと楽しくなってきた。だから、もっと疑問を出し合って、解決してわかるようになりたいです。(C18)

・みんなに合わせて学習できるからはてなを出してから進めるという方法がよかった。頭の中を整理できるから学習計画を立てる方法がよかった。(C21)

・はてなを整理したら自分のはてな？が何なのかがわかったから、はてな？からはいいと思った。わかりやすい。(C4)

・なぞときみたいな感じで最初に疑問（はてな？）を書いて授業を進めたら前より算数の授業が好きになり楽しくなった‼　はてな？を最初に書いて授業を進めたから自分の考えを持てるようになったと思う。みんなが説明してくれるときに図で説明してくれるから私も少し説明できる力がついてうれしかった。(C16)

・みんなではてなを出し合って、それを解決するのが楽しかった。教科書に載っていないはてな？もあったから、そのテーマにそったい

ろんなことが知れてよかった。塾でやっている所も授業の方がわかりやすかった。(C12)

・賛成。最初にみんなのはてな？を聞いた方がみんなも理解しやすいと思う。そもそも「割合って何？」と思う人がいて、最初から「比べられる量÷もとにする量」とかをやったらわかるわけがないからみんなの意見を聞き、みんながわからないところからやるのはよいと思った。(C22)

　「問い」を扱うことのよさが多岐にわたり綴られました。「問い」が連鎖したことや、授業中多くはしゃべらない児童も自分なりに「問い」を持って授業に参加していることが見て取れます。

　また、「問い」を整理すること、つまり、メタ認知することができるステージ2や3の意義を感じることができます。目的意識を持ち、自分のフィルターを通して授業に臨んでいるため、算数が好きになったと言えたと考えます。

　一方で、「問い」の持続性や授業時間数、「問い」の質的向上など、検討の余地は大いにありますが、この実践を通して、「問い」を生かすことは有効であり、子どもの「問い」は、算数・数学を創造するものとなることが見て取れたのではないかと思います。

〈授業についての基本的な考え方（大切にしたいこと、重視したいこと）〉 子どもの「問い」を軸に、互いの考えや思いを認め合い、算数・数学を創造する 授業	
A　子どもの 　　学習	①授業を通してよりよい人間関係を築く。 ②算数・数学を創造したり、授業をよりよくしたりするのは自分たちであるという意識を持つ。 ③自分自身や友達の「問い」や考え、思いを認め合う。 ④既習のツールを想起しながら考えを出し合うことで「問い」の解決を図る。 ⑤ツール磨きをする。 ⑥難しい問題であっても簡単に諦めない。 ⑦問題をよく読み、わかるところとわからないところをはっきりさせる。
B　授業の構 　　成展開	①子どもと共に解決する「問い」を確認したり目標を立てたりする。 ②解決に向けての見通し（ツール確認）を持ち、自分の考えをつくる。 ③自分の考えを説明したり、友達の考えを聞いたりすることによって、「問い」の解決に当たる。 ④何を解決したのか、友達から何を学んだか、次にしたいことや新たな「問い」を明確にしたり、類似問題を解いたりすることで振り返る。
C　教材の選 　　定提示	①本時のねらいに即した課題を提示する。 ②子どもにとって切実感のある「問い」を引き出せるような課題提示の工夫をしたり、本時の授業の障壁を明らかにしたりする。
D　教師の指 　　導	①安心して表現できる雰囲気づくりに努める。 ②個々の考えや思い、つまずきなどを見取り、自分の考えを持てるように支援する。 ③困らせたり、悩ませたりする。 ④一斉の場で教師が、話しすぎない。 ⑤話し合いの方向性を示したり、個々の考えや頑張りを価値づけたり、確認させたりする。
E　学習規範 　　の設定	①話すときは、わかってもらおうという気持ちで、「～でしょ？」「ここまでいい？」というように短く区切り、かつ、友達に語りかけるように、そして、反応を確かめながら話す。 ②聞くときは、「今言ったところまでわかるよ」「この先どんな説明をするのかな」とわかろうという気持ちで相槌や反応をしながら聞く。

F　学力の共通認識	①「問い」を生み出す力 ②課題を設定する力 ③既習のツールを活用することによって、課題解決に当たる力 ④自分の考えをわかってもらえるように伝える表現力、コミュニケーション力 　（式や図、グラフ、表などを用いたり、結果に至るまでの道筋を言語化したりする） ⑤効率性や一般性の視点を持ち、よりよい方法を見いだし創り上げる力 ⑥数や図形に対する豊かな感覚

【参考・引用文献】

岡本光司（2011）『「有機体」としての算数・数学授業論—子どもの「問い」を軸とした授業を事例として—』常葉学園大学研究紀要教育学部第 30 号抜刷

岡本光司・土屋史人（2014）生徒の「問い」を軸とした数学授業　人間形成のための数学教育をめざして　明治図書

Ⅶ. 3年「重さ」

立花 千紗子

1.「私の授業観」と授業の構想

　私は、「問い」を大切にし、子どもたちが主体となって学びを深めていく中で、自分や仲間の良さ、算数の楽しさや良さに気づく授業を目指し、子どもたちと授業をつくってきました。岡本が提唱する子どもの「問い」を軸とした算数授業をベースにしながら、その年担任している目の前の子どもたちの実態や自分が特に大切にしたいと考えていることを踏まえ、毎年、「私の授業観」を更新しています。低学年や中学年でも子どもたちが決して、先生から教えてもらうという受け身の姿勢ではなく、子どもたちが主体となって学んでいく授業にするために、「問い」は欠かせないと考えています。

　本単元では、生活の中で触れているが、算数としては初めて扱う重さについて、子どもたちの身近なものを使って学習を進めたいと考えました。

　そして、子どもたちのこれまでの生活経験を生かしながら、子どもたちの中にある「問い」を引き出し、楽しく学んでいけたらよいと考え授業計画を立てました。

2. 授業計画

　次の表の中の「問い」(はてな)は、班ごとに話し合い、それを基に各々の班から出されたものです。

時	学習内容
1	どちらが重いかな。重さについての「はてな」を出して、「問い」ベスト3を決めよう。
2	どちらが重いかな。 ◆先生のめがねと○さんのめがね、どっちが重い？（1班） ◆私の筆箱とBさんの筆箱、どっちが重い？（4班）
3	重さは何gかな。 ◆お道具箱の中で1番重いものは何？（6班）
4	はりが1周してしまう時はどうするの？（第3時で出てき「たはてな」）
5	2つの重さのちがいはいくつかな。 ◆図鑑と絵本は何gちがうのか？（2班）
6	重さの計算をマスターしよう。 残ったはてなを解決しよう。 ◆かわいたハンカチと水につけたハンカチの重さのちがい（3班） ◆ごはんを食べる前とごはんを食べた後の体重、どっちが重い？（5班） ◆東京タワーの重さはいくつ？（6班）
7	トンってどのくらいの重さ？
8	どんな単位が出てきたかな。
9・10	練習・テスト

3. 授業展開の実際

第1時 どちらが重いかな？

T： 今日ね、家からビンを持ってきたよ。
（ガラス製の小さなビンを見せる）

C： お～！

T： 重さ、どれくらいだと思う？

C： 100グラム、キログラム？
100トン！ミリグラムだよ。

T： もう1個、持ってきたよ。（プラスチック製の大きなビンを見せる）

C： 大きい！

C1： 倍あるよ。

C2： 大きいビンですね。

C3： もっと大きいのとかもあるんじゃない？

T： どっちが重いと思う？

C3： もっと重いのもあるんじゃない？

T： ごめん！二つしか持ってこなかった。

C4： 今、ポコンっていった。

T： こっち（小さいガラス製）が重たいと思う人？

C5： う〜ん、でも、ガラスとプラスチックっぽい。

C： えっ、待って。（悩む子どもたち、ざわつく）

C1： 先生の持ち方で、こっち重そう。

T： こっち（大きいプラスチック製）が重たいと思う人？

C5： え〜、ガラスじゃなさそう。

C6： プラスチックじゃない？

C5： でも、ガラスかも。

T： じゃあ、小さい方が重たいと思う人？

C： （13人が手を挙げる）

T： こっちの大きい方が重たいと思う人？

C： （11人が手を挙げる）

C5： なんかあっち（小さいガラス製）の方が厚いかもしれない。

C： あ〜厚さがなんか。

T： じゃあ、これどっちが重たいか、どうしたらわかる？

C1： 持つ！

T： 持てば分かる？

C： 持つ！

T： では、手の挙げ方が一番よかったC7さん。持ったらわかるかな？

C7： （小さいガラス製を持つ→大きいプラスチック製を持つ）

T： 軽く持つね。

C7： う〜ん、こっち？（小さいガラス製）

C8： もう1個方法がある。

T： もう1個方法がある？C8さん。

C8： 落とす。

C： 割れちゃうよ！

T： 先生の物だから、落とすのはやめてもらっていい？

C8： じゃあ、こっちの方が音が大きいから、こっち（小さいガラス製）

T： 音が大きいと重いの？

C2： 先生貸して！

C9： （二つのビンを持つ）
こっちがプラスチックみたいで、こっちがガラスみたい。

C2： そうだよ、完璧プラスチックだよ。
完璧プラスチックに判明できる方法がある。

T： C2さん

C2： 完全にわかるよ。（二つをさわりながら）こっち硬いじゃん。
硬そうじゃん。こっちへこむの。

T： みんなもさわってみたら、わかりそう？

T： じゃあ、2分以内にまわします。（二つのビンを順番にまわす）

C： こっちだ！これ、ガラスだよ。さわった感じでわかる。

C1： デコピンしたらわかる。

C5： 持つだけでもわかるよ。

C10：大きさや…よってなんかプラスチックとガラスだと重みがちがうから、なんか見た目ではわからなくて、さわるとわかる。

T： へえ〜、何だと重さはわからないってこと？

C： 見るだけだと。

T： 見た目だとわからないってC10さんが言ってくれたね。

C5： 薄いとわかる。

C4： 薄いとプラスチック。

C： プラスチックの方が軽い。

T： これ大きさは、どっちの方が大きい？

C： プラスチック！

T： それなのに、こっちの方が重たいの？

C： うん！

C3： C10 さんが、大きさでは重さはわからないって言ったじゃん。私も見た目じゃなくて、重さじゃないと判明できないと思う。見た目は関係ない。

T： 見た目は関係ない。ほー。

C： うん。

C5： でも、ガラスとガラスだったら、見た目は関係ある。

T： ほー。

C11：あの～、大きさだとそっちのプラスチックの方が大きいけど、大きさと重さって全然ちがうじゃん！だから小さくてもガラスが重いから、ガラスの方が重いと思う。

C4： プラスチック軽いけど、ガラスは重い。

T： 大きさも。

C： あまり関係ない。

T： 関係ないのか。

C4： ガラスとガラスの時は関係あるけどね。

T： あ～。

C2： 二つあるんだけど、まずは C3 に付け足しで、同じガラスとガラスだったら、C3 は見た目関係ないって言ってくれたけど、同じものだと関係あるになっちゃうから、関係ある。あとC11 に付け足しで、大きさだとわからないけど、持ってみるとわかる。

T： はい、C1 さん。

C1： 素材がちがうから、ビンの方が重たい。

T： ほー。素材が関係している。

C12：ガラスって太いじゃん。

C1： ガラスって硬いじゃん。プラスチックは柔らかい。

T： 柔らかいものは軽いの？

C1： だって、スポンジだって軽いじゃん。

C2： 水に浮くしね。

T： 今日さ、重さいろいろやるなって思ったもんで。（スポンジを出す）

　　　　これさ、先生のお家のお皿を洗うスポンジ。これは重そう？
　　　　軽そう？
C：　　軽そう！
T：　　あ〜。
C2：　でも、水分があったら、沈んじゃうでしょ。
C9：　最初に二つのビンを比べたときに、みんなじゃないけど見た目
　　　　で判断していた。
T：　　見た目で判断しちゃいそうだけど…
C2：　油断禁止。
T：　　じゃあさ、手で持つとわかるよって言ってくれたじゃん。こ
　　　　れ、確かにわかったよね。
C5：　持たなくてもわかる時もあるけどね。

　このように、見た目では判断しにくい二つの物を見せることで、子ど
もたちの重さに対する興味が高まりました。そして、算数で、重さを学
習するのは初めての子どもたちですが、生活経験の中から得た知識でな
んとか解決しようとする姿が見られました。また、話し合いの中から、
重さは見た目や大きさだけでは判断できないものだということも押さえ
ることができました。

T：　　今日、どっちが重たいかな〜ってやってみようと思うんだけ
　　　　ど、先生持っている文房具でやってみたいと思います。
　　　　はーい、ノート開いてください。
C5：　あれ、重いと思う。
C6：　ホッチキス？
C5：　ハサミも重たいと思う。
C1：　ハサミって切る部分、鉄だよ。
T：　　どちらが重いかな。（課題を書く）
　　　　予想を書こう。直感でいいよ。
C5：　どうやって確かめる？秤とか？
T：　　どうやって確かめる？

C12： シーソーみたいの。

T：　　それなら、いいの、先生持ってるかも。ジャジャーン。
　　　　（手作り天秤を見せる）こういう感じでしょ。

C：　　そうそうそうそう。

C3：　天秤？

T：　　よく名前知ってるね。

T：　　この中にみんなどれとどれを入れたい？

　この後、手づくり天秤で重さ比べをし、1位ホッチキス　2位コンパス　3位のり　4位セロハンテープであることを確かめました。この活動は、黒板の前で代表者によって、重さ比べをしたため、子どもたちは自分でもやってみたい、確かめてみたいと意欲が高まっていました。そのタイミングでいつものように、「問い」を付箋に書き出す活動に入りました。本単元の「重さ」は、子どもたちにとって初めて出合う学習だったので、5分ほど一人でじっくりと「問い」を出す時間を取りました。その後、班で話し合いながら、みんなで解決したいものをピラミッド型に合わせて選んでいく活動に入りました。これを「問い」ベスト3と呼んでいます。班で「問い」を共有する時間を設けることで、こういう「問い」もおもしろいなと自分の世界を広げているような子や、同じような「問い」を見つけ共感し合っている子などさまざまです。高学年になれば、これを学級全体で行うことも多くなりますが、中学年では、まずは少人数の中で自分の「問い」を出し、認められる経験を積んでいきたいと考えています。その経験が、高学年になった時に、学級の中でも自信を持って「問い」を発信できることにつながっていくことを期待しています。

T：　　これから重さの勉強に入っていくけれど、いつものように重さについてどんな「はてな」があるかな。
　　　　教科書もヒントにしていいよね。

C1：　教科書23ページ。

T：　　教科書は22ページ〜32ページあたりまでだね。

今から付箋を配るね。

　「問い」を書く活動の時には、教科書も自由に見てよいこととしています。教科書に書いてあるけれど、よくわからないことなどもその子の「問い」として大切にしてほしいと考えるからです。自分で予習してきたり、塾や通信教材で学習したりしても、納得していないことや答えは出せるけれどその意味はよくわからないというようなことがあると思うからです。
　以下に示したものは、子どもが書いた「はてな」を内容ごとに分類したものです。なお、☆印は、班の話し合いの中でベスト1に選ばれた「問い」です。ベスト1に選ばれたものは、必ず解決していこう（難しいものもチャレンジしてみよう）と子どもたちと約束しています。

---

①具体的な重さ比べに関する「はてな」
☆先生の眼鏡とAさんの眼鏡、どっちが重い？
・先生のコンパスと子どものコンパス、どっちが重い？
・まっすぐな定規と三角定規はどちらが重いの？
・スイッチ（ゲーム機）と野球バットはどっちが重い？
☆私の筆箱とBさんの筆箱、どっちが重い？
・マイネームと定規、どっちが重い？
・CさんとDさん、どっちが重い？
・E先生とF先生、どっちが重い？
・体育館シューズと体操着、どっちが重い？
☆ご飯を食べる前の先生とごはんを食べた後の先生、どっちが重いのか。
・文房具で1番重いものは？
・教室のもので1番重いものは？
・私の身の回りのもので1番重たいものは何か？
☆お道具箱に入っているもので、1番重たいものは何？
・1番重たい果物は何かな？
・ライオンのオスとメスはどっちが重いの？

- サンタとブラックサンタ、どっちが重いの？
- コンパスは、1円玉が何個分か？
- 1円は1枚1グラムと書いてあるけど、100円とか10円は何グラムかな。
- 1Lの水の重さ
- 今比べてガラスが重かったけど、ガラスより重い物は何かな？
- 地球ってどれくらいの重さ？
- 家の重さは？
- トラの重さやゾウの重さ

☆東京タワーの重さはいくつ？

- 金属とガラスで量ってみたい。
- 金属と鉄のもので量ってみたい。

②重さの計算に関する「はてな」

☆図鑑と絵本は、何グラムちがうのか？

- 新品の消しゴムとちょっとだけ使った消しゴムどれだけ違うのか？

☆乾いたハンカチと水につけたハンカチの重さのちがい

- 重さのたし算とひき算をしたい！
- 重さのかけ算ってできるの？
- 重さのわり算ってできるの？

③重さそのものに関する「はてな」

- 教科書P22の粘土のつくる前とつくり終わった粘土の重さはかわるのかな？

④重さの単位に関する「はてな」

- 重さの単位を知りたい！
- 重さの単位は何個あるの？
- tって何？
- gって何？
- キロって何？
- gの勉強をしたい。
- Kgっていうのが気になる。

・tより大きい重さはないの？

・tはどのくらい重いのか？

⑤重さの量り方に関する［はてな］

・とっても小さい生き物はgで量れないとき、どう量るの？

・お料理に使うはかるやつは関係ある？

・tを量るとき、どうやって量るの？

・シーソーを使って、教科書と教科書を量りたい！

・同じ大きさ同じ重さのブロックで量れば、そのブロック何個分でわかるかも。

・はかりを使って、重さを量りたい。

⑥その他

・1t ＝ 1000kg　ゾウ＝ 6000kg　！？

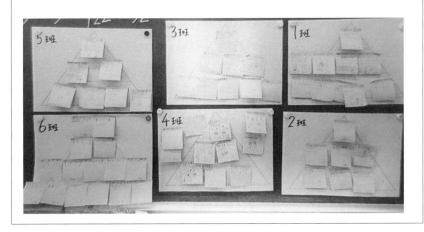

第2時　どちらが重いかな？〜どちらのめがねが重い？〜

　第1時で1班の「問い」ベスト1に選ばれた「先生のめがねと○さんのめがね、どっちが重い？」を扱うことにしました。学級には、私を含め4人のめがね愛用者がいたため、4人のめがねの重さ比べをすることになりました。前時でも使用した手づくり天秤で比べていきましたが、CさんとDさんのめがねの重さが同じくらいの重さだったのです。

　C11：CさんとDさんのめがねの重さは近かった。

C： うん、少しだけちがった。

C2： うん、若干Dさんの方が重かった。

C10：若干って何？

C12：若干っていうのは、ちょっとの差ってこと。

C2： 若干は少しのこと。

T： 少しってどれくらい？

C13：少しの差。

T： 少しの差ってどのくらい？

C1： 少しは人によってちがう、いろいろ。

T： じゃあ、みんなはDさんのめがねはCさんのめがねよりどれ
だけ重かったですかって言われたら、なんて答える？

C1： 若干Dさんのめがねの方が重かった。

T： 若干でわかる？

C5： グラムで答える。

C14：何キログラムで表す。

C： キログラム、グラム

C2： はかりがほしいよね。

T： あ〜持って来ればよかった、はかり。今日、持ってきてない
よ。

C1： 家庭科室にあるの、持ってくる！

T： 今は行けないよ。なんか他にいい方法ない？
C1さんが昨日の付箋になんかいいこと書いてあったよ。

C1： あ〜ブロックで？

T： ブロックで何？

C1： ブロックの数でやる。

T： これ？（1cm^{3}のブロックを見せる）C1さんが昨日、付箋に
書いてあったから、もしかしたら必要になるかなと思って持っ
てきておいたよ。

C10：今はないけど、1円玉は1グラムだから…1円玉でもできそう。

T： あ〜。

子どもたちから「若干」「少し」などという言葉が出てきました。そこで、その言葉の曖昧さを問い返すことで、任意単位の必要性に気づいてくれたらと考えていました。しかし、子どもからは任意単位を飛び越えて普遍単位へ行くような発言があったので、前時に書いた C1 の付箋（同じ大きさ同じ重さのブロックで量れば、そのブロック何個分で重さがわかるかも）を生かす形でこちらからヒントを与え、任意単位に向かっていくようにしました。生活の中ではかりを使った経験がある子も多いことから、普遍単位に気づいた子どもの姿は自然だったと思いますが、教師側としては任意単位を扱うよさにも触れたかったという意図がありました。

第7時　トンってどのくらいの重さかな？

　私は、子どもたちの出した「問い」が自然な形で授業の中で生かされるように授業計画を立てることを心掛けています。しかし、今回6班の「問い」ベスト1に選ばれた「東京タワーの重さはいくつ？」は正直扱いに悩みました。そこで、まずは、私自身東京タワーの高さは知っていても、重さについては予想もつかなかったので、調べてみました。すると、「3600トン」。ついでに、スカイツリーの重さも調べてみると、「36000トン」。ちょうど、10倍になっているのがわかりました。

　子どもたちには、第6時の最後に学習用端末で一人ひとり東京タワーの重さを調べて、ノートに記録しておくように伝えました。調べている最中から、想像を超えた重さに興奮する子どもや私と同じようについでにスカイツリーの重さを調べてびっくりしている子もいました。

　第7時では、東京タワーの重さが3600トンであることを確認した後、

　　・1t = 1000kg であること

　　・長さの単位を思い出しながら、k の意味の押さえ

　　・t が使われる場面

についてみんなで考えました。

4．実践を振り返って

　単元終了後、算数授業についてのアンケートを取りました。子どもたちからは以下のような声が聞かれました。

〈「はてな」を付箋に書き出すこと、発信していくことについて〉
・「はてな」を出すのがおもしろい。
・「はてな」を付箋に書くのは、発表しない人も口で言わないですむし、人のいろいろな意見を聞けていいと思うし、楽しかったです。
・自分の「問い」だけでなくて、友達が出した「問い」でもわからないのがあったから学べた。

〈自分の「はてな」を大切にすることについて〉
・あっているかわからないときも、ちゃんと手を挙げて意見が言えた。
・わからないとき、ちゃんとそのままにしなかった。
・わからないとき、ちゃんと相談できた。

〈「はてな」をみんなで解決していくことについて〉
・？をちゃんと一生懸命考えて、答えが出てよかった！
・みんなが？を見つけて、それをみんなが解決してスッキリした！
・「問い」を見つけて、それを解決するのはとてもいいなと思った。

〈「問い」を生かす算数授業について〉
・「はてな」を大切にした授業は、ちょっと難しい。でも楽しい。

　「問い」を出すこと、大切にすることに価値を感じている子が増えてきたことにより、授業を自分たちでつくっていくという雰囲気の高まりを実感しました。2022年に担任していた子どもたちは、1年生の時から3年間持ち上がってきました。毎年、クラス替えはあるものの、今年度初めて受け持った子は24人中6人でした。そのため、1年生から「問い（はてな）」を大切にしようと伝え続け、継続して「問い」を生かす算数授業の実践を積み重ねることができました。子どもたちの実態を踏まえながら、目指す授業に近づいていくことができるように、日々「私

の授業観」に照らし合わせながら、授業を計画したり振り返ったりすることで、算数のできた、できないというわかりやすい学力だけでなく、人間形成につながる部分を意識しながら、授業づくりができたように感じています。

　今後も低学年のうちから、子どもたちの「問い」を大切にする意識を教師も子どもも持って授業をつくっていきたいと思います。そして、子どもたちから出された「問い」が生かされ、次なる「問い」に連鎖していくようにしていきたいです。

私の授業観 (Ver. 16)

基本理念	
「問い」を大切にし、子どもたちが主体となって学びを深めていく中で、自分や仲間のよさ、算数の楽しさやよさに気づく授業	
A 子どもの 学習	①仲間の思いをあたたかく聞き、反応する。 ②自分の「問い」を発信する。
B 授業の構成・展開	①算数的活動や話し合いを通して、子どもたちが「問い」を持つ。 ②出てきた「問い」を今までの経験や獲得したツールを思い出しながら、解決していく。 ③生活の中で学習が生かすことができる場面に出合う。
C 教材の選定・提示	①本質的な「問い」を引き出すことのできる教材を選定し、できる限り子どもたちが自分ごととして捉えやすいように提示する。 ②子どもたちの興味関心が高まる教材の選定・提示をする。
D 教師の指導	①子どもたちの発言をよく聞く。 ②子どもたちに任せるべきところは、待つ。 ③子どもたちの考えなどを価値づけ、つなげる。 ④わかりやすい言葉を選んで、発問したり、切り返したりする。 ⑤子どもたちの実態に合わせた手だてをうつ。
E 学習規範の設定	①あったか言葉・あったかアクション。 ②わからないことをわからないと言う。 ③学習に自ら参加しようとする。
F 学力の共通認識	①仲間の思いをわかろうとして聞き・反応する力 ②「問い」を発信する力 ③今までの生活経験や既習事項を使って、問題解決する力 ④自分の考えや思いをわかってもらおうとわかりやすく表現する力 ⑤話し合いながら、よりよいものを創造・構成する力

【参考文献】

岡本光司・両角達男（2008）『子どもの「問い」を軸とした算数学習』教育出版
樋口万太郎（2020）『子どもの問いからはじまる授業！』学陽書房

第3章

子どもの「問い」を生かす
算数授業研究をめぐって

Ⅰ.「問い」を軸とする算数授業の 持つ意味とその魅力について

岡崎　正和

1. はじめに

　探究という言葉が算数・数学の学習指導を改善し、成長させていくためのキーワードになっていますが、いかなる授業過程を描こうとしているのでしょうか。理論的に導かれる授業モデルの提案とこれに従う授業づくりや授業改善は大切ですが、一方で授業は決まったモデルに従って予定調和に進むものではないし、むしろ学習指導は教師と生徒の間の真剣なかかわり合いから生まれ、モデルでは語りきれない、まさに授業の中から生まれる「問い」に基づく授業物語が展開されるのが実相でしょう。教師と子どもの間のコミュニケーションから、探究の「問い」が生まれ、「問い」を探究することを通して子どもが育つ姿を、実際の授業として実現しようとする「おかもと塾」の算数・数学の授業づくりに対する真摯な取り組みが肌感覚で伝わってきます。岡本光司先生と「おかもと塾」の塾生の先生方が、「問い」を軸とした算数・数学授業を教師と生徒の息づかいが感じられるようなリアリティとして語り、子どもたちの学びを豊かにする学習指導を熱く議論する光景が目に浮かんでくるようです。

　「問い」を軸とした算数・数学授業論は、よい授業を実現するための一つの模範となる指導法と思いますが、わたしはそれ以上に教師が持つべき算数・数学授業観のあるべき姿が提案されていると思っています。「人間とは問う存在である」という立場から、教師が問い、児童・生徒が答える二分法の図式に根本的な反省を促そうとし、児童・生徒（以下、子ども）を真に「問い」を発する主体者にしようとします。問いとは、子どもが自らの価値観、関心、体験、知識に基づいて自由奔放に発する数学的疑問であり、子どもに問う権利を保障するとき、実にさまざ

まな問いが現れるとあります。人間とは何であり、人と数学とがかかわり人が成長するとは何を意味するのかについての哲学的な問いが、算数・数学の実際の授業づくりの具体を通して探究されているように思います。

「問い」を軸とした算数・数学授業論の書籍刊行を記念して、私なりに、この授業論が持つ意味や意義について考えてみたいと思います。

2.「問い」を生かすということについて

「問い」を軸とした数学授業における「問い」の役割を確認することからはじめたいと思います（岡本・土屋、2014）。

個人的なるものとしての「問い」には、普遍的なるもののパラダイムがあるとされます。子ども個々の問いと学級全体の学習主題を分かつのではなく、個人の問いを学級全体の問いに昇華させることで、子ども自身が育ち、それとともに学級が育っていきます。授業において子どもから発せられる「問い」は、たとえ主観的で素朴であっても一般性の高い数学的な価値観や思考様式にかかわり、数学の本質的な学習主題として追究の対象となり得るものがあります。「問い」を軸とした算数・数学授業を実践するに当たっては、まずは教師がこのことを実感できるかが鍵であると思います。

一例として、文字式の学習で、「地球の周りに高さ2mでロープを張る。ロープの長さと地球の周囲の長さはどれほどちがうか」という問題を考えてみたいと思います。文字式は、小中ギャップの原因とされ、児童・生徒にとって理解が難しい内容です。実際、類似の問題で、文字式が消える現象を見せ、長さの差が地球の半径の値に依存するかどうかを問う問題では（文部科学省、国立教育政策研究所、2012）、正答率は12％と大変低いものでした。文字式そのものに苦手意識を持つ生徒が、文字式が計算の過程で消えてしまうことに対して適切に反応できないのは仕方の無いことかもしれないが、むしろ文字式を形式的に指導された結果であるかもしれないし、生徒たちの「問い」をもっと学びに生かせる可能性があるように思います。

この問題に対し生徒に予想をさせれば、何千 km といった回答を含め、多様な意見が挙がると思います。その後に、地球の半径を r とし、文字式を用いて $2\pi(r+2)-2\pi r = 4\pi \approx 12.4$（m）と計算すれば、地球の半径の値にかかわらず高々 12m ほどしかちがわないことが導かれます。文字が消えることが、地球の半径には関係がないということを示していますが、もしこの結果の紹介だけをもって学びを止めるなら、たとえ教師たちがこの現象や文字式の意味について丁寧に説明したとしても、上記の調査結果が示唆するように、生徒には十分に伝わりにくいのではないかと思われます。

　子どもは心の中では問いたいのではないでしょうか、また、問う力を持っているのではないでしょうか。「地球の半径に関係が無いとはどういうことなのか？」、「小さい地球でも同じ長さの差？」、「地球を限界まで小さくすると何になるのか？」。こうした問いは、文字式の意味を明らかにしていくことにもなります。実際には文字が消えるというよりは、$0 \times r + 4\pi$ であるから、r にどんな数を代入しても、4π にしかならないことになります。どこまで地球を小さくできるのかという問いも発せられるかもしれません。最後には地球を点に見立てて、半径が 2m の円周の長さが地球の周りとロープの長さのちがいと同じになることがわかります。

　しかし、ここでも子どもから疑問が発生する可能性があります。「いくら数式でそうなったからといって、わたしには信じられません。わたしの感覚とズレています」というのが本音ではないでしょうか。「実験してみましょう」と、半径を 5cm、10cm と変えて、高さ 2cm でロープを張ったとして円を描き、その長さを比べてみます。もしかしたら、この時点で初めての納得と本当の不思議さが出てくるかもしれませんし、「文字式を使うと何を表現できるのか、どんな世界を探究することができるのか」といったさらなる探究心が出てくるかもしれません。むしろそうした探究心に灯がともってほしいと思います。

　教師には、個々人の「問い」に内在する数学的な価値を見いだし、問いを発する個人を媒介にして、その普遍性を顕在化し、探究することを通して、「問い」を探究する学級文化を育てるという重要な役割がある

ことがわかります。

3. 学級文化と「問い」を軸とした算数・数学授業

　「問い」は学級文化とのかかわりでも考察され、「問い」は統制され固定化した安定状態に「風穴」を開ける契機を生み出すとされています（岡本・土屋、2014）。人々に共有される価値観や思考様式・行動様式が固定化し、形骸化してしまうと、それに従うことで安定感を得て倦んでしまうという文化の負の特性は、教師主導で生徒が受け身になる授業にしばしば見られます。子どもの「問い」は、そうした安定状態に揺さぶりをかけ、より高い価値に向かって変化し続ける学級文化の形成に資するものとして位置づけられています。どの学級文化にも優劣はつけられませんが、常により高い教育的価値の実現に向かおうとする意識や意図を持つ教室は、活気のある学習活動が生み出されているのではないかと思います。

　学級文化の形成において、教師がどのような授業観や数学観や人間観を持つかは大きな影響があると考えます。この学級文化の形成を考える時、「おかもと塾」での「私の算数（数学）授業観」は重要な取り組みであると思っています。

　「問い」を軸とした算数・数学授業では、授業を、その構成要素が密接にかかわり一つの全体を形成する有機体と捉えた上で、子どもの「問い」をその全体性の循環をもたらす決定要因として位置づけています。授業の要素は「子どもの学習」、「授業の構成・展開」、「教材の選定・提示」、「教師の指導」、「学習規範の設定」、「学力の共通認識」であり、教師の持つ教育理念がそれらを全体としての統一体にまとめ上げています。「おかもと塾」では、教師たちがこの六つの要素に対して「私の授業観」を作成しています。わたしがこの取り組みを最初に知ったのは、岡本先生が落合有紗氏との共同研究として、平成30年1月に全国数学教育学会で発表をされた時であり、このときの発表資料には「わたしの算数授業観」ver.1、ver.5、ver.6が付けられていました。この発表に触れたとき、これこそが学級文化の実現を具体的に表現しているのではな

いかと考えさせられ、感銘を受けたのを覚えています。教師たちが、自らの授業について子どもの学びの視点から振り返り、授業の方法だけでなく、自らの授業観を更新していく姿こそが、学級文化の形成に大きな役割を果たしているのではないかと思います。

　ブルーナー（2004）は、文化は歴史の所産であり、価値を内在した「生き方」の複雑な相互作用として構成されていて、文化が人の考えを形づくると述べています。また、文化の内実は、文化的共同体のメンバーが共有する言葉にあるとされます。「おかもと塾」の先生方の算数授業の中で、どんな言葉が交わされているのか、興味が湧きますし、想像したくなります。子どもたちは、「問う」ということをよしとする学級文化で交わされる言葉を通して学び、成長していくのでしょう。こうした言葉や記号は定着すると教室の「現実」となりますが、「おかもと塾」の先生方は、私の算数授業観の作成を通して常に授業観を「問い」続けることにも取り組まれており、その点でも素晴らしいことと思います。

4. 真正の文化的実践と「問い」を軸とした算数・数学授業

　最後に、真正の文化的実践へ向けた学びと、「問い」を軸とした算数・数学授業のかかわりについて述べてみたいと思います。少し前の文献にはなりますが、岡本先生の実践を高く評価した、佐伯胖（1995）の「学ぶということの意味」を再訪してみました。そこに描かれる学びの姿から、「問い」を軸とした算数・数学授業を理解するための示唆が得られるように思います。

　佐伯は、「『本当の自分』とは、今あるこの私そのものではない。この私が成長し、発展し、育っていくべき自分－むしろ、これから私がなっていく自分－が何であるかを探し、自分自身を転身させていこうとしているのである」（p. 11）と述べ、学びをアイデンティティ形成の過程として捉えています。これを実現する上で、第二の自我の形成が不可欠とされます。第二の自我とは、「なってみる、もう一人の私」、「心の中ではあくまでも『あなた』と語れる二人称的存在」（p. 59）、「個人的で親

密な、秘密を打ち明けられるような語り合いを持つことのできる二人称的他者」(p. 63) とされます。その他者との対話的交流を通して、自己内の心的対話は広がり、豊かになり、「なってみる、本当の私」像が明確につくりだされるのだと述べられています。二人称的他者とは学び手が出会う「師」であり、信頼される教師の反映でもあります。

　佐伯の学びのドーナッツ論では、自我（Ⅰ）の世界、YOU 世界、THEY 世界の三つの世界が区別されています。YOU 世界は、第二の自我を育てる世界、すなわち互いが共感し合い、相互に理解・感謝・賞味し合う関係を底流にして、個別的に「私」と「あなた」との二人称的関係を持つ共同体の世界であり、THEY 世界とは、YOU 世界の他者の背後に垣間見られる世界であり、真正の文化的実践の世界です。こうした THEY 世界である文化的実践への参加は、外の世界の文化的な意義や価値を心から大切にしている他者を介して促されるとされ、子どもがそうした文化的実践を理解（賞味）しはじめるならば、子どもは YOU 世界も拡大していけるとされています。すなわち教師との信頼関係が高まっていくのだと思います。

　さらに、THEY 世界への扉には、教師自身が常に学び続け、現実の文化的実践に深く関与し、それらの価値、意義、大切さを子どもたちに垣間見させる力量を身につけているかが大事とされています。教師が、「こんな素晴らしい世界がある、子どもたちにいつかわかってほしい」といった思いや願いを持って指導に当たることが、子どもにとっての真正の文化的実践への入り口なのであり、教師の語りの背後に、数学が躍動する世界を垣間見ることができるのだと思います。「おかもと塾」の先生方の実践記録からは、真正の文化的実践への扉が常に開かれていることがわかります。佐藤友紀晴教諭による授業をもとに、このことを見ていきたいと思います。

　佐藤教諭の 5 年生の図形の角度の学習では、まずは「三角形は、どんな形でも内角の和は 180 度になるかな？」という問いかけから子どもたちが活動をはじめ、「全部は 180 度にならない」、「全部 180 度になる」という二つの意見が出されます。「分度器で測る」、「角を切って集める」という活動を教室のルールとしながら、教師と子どもで三角形の内角の

和が 180 度であることを確認しますが、子どもたちから「問い」が発生するのはここからです。子どもの「問い」には「180 度にならない三角形はあるのか」、「四角形の内角の和は何度だろう」、「五角形や六角形は何度なの？」、「百角形の内角の和は何度？」といったものが含まれていました。これらの「問い」を学習主題として学習活動が展開されていきます。

「分度器で測る」、「切って集める」という二つのルール（道具）をもとに四角形の内角の和を探究していきました。手作業では誤差やズレが生じ、また、子どもが必要な角を測っていないこともあるため、内角の和についてさまざまな数値が出され、子どもたちは確信が持てないようでした。そこで子どもたちが獲得したもう一つのルール「三角形は 180 度」を使って、四角形の内角和を探究しました。四角形を三角形二つに分けたときに、「三角形は 180 度」のルールを用いて、子どもたちも四角形の内角和が 360 度であることに気づいていきました。しかし、対角線を 2 本引いて、四つの四角形に分割されたときに、子どもたちから新たな疑問が提出されます。「四角形四つであるので、720 度ではないか」というものでした。

教師はここで、四角形の内部にできる 360 度を引けばよいと説明を与えることはできますが、あえて「対角線を 2 本引くと内角の和が 720 度になってしまうのはなぜか？」という問いとして形づくっています。この「問い」をもとに子どもたちは真剣に議論を行い、四角形の内角の和について納得し、理解を深め、新たな自分たちのルールにしていきました。佐藤教諭が、どんな小さな「問い」でも子どもの意見を称揚し、問い続ける力をつけようと取り組まれていることもわかります。

第 8 時では「100 角形の内角の和は何度かな？」が探究されます。ここでも 180 度を 100 倍した「180 × 100」の考えと、辺（角）の数から 2 を引いた 98 をかける「190 × 98」の考えが対立しました。180 × 98 の考えの子どもも、自らの考えを正当化するだけでなく、180 × 100 の考えの級友をいかにして納得させられるかと、説明を繰り広げていきました。「（一角形、二角形はできないので）…三角形から数えてからの、そこからの数だと思います」、「180 度× 100 だと、三角形、四角形、五

角形、六角形だと 3、4、5、6 になるんだけど、C3 さんたちの意見で考えるとそれだと、四角形で 2 セット、六角形だと 4 個となって、それだと 6 と 4 で同じ数字じゃないもんで、なのでぼくは 100 − 2 をして、98、100 × 98 にしました」、「できる三角形の数は三角形の時に 180 度 × 1 で 180 度で、四角形の時は 2 個で 2 × 180 度は 360 度なので、100 は 98 個なので、98 × 180 度は 17640 度になると思います」。問うことの自由性は、話すこと、説明することの自由性や責任感に転化し、理由をとことんまで追究し、互いに納得しようとする姿となって現れていると思います。四角形で学んだ関係と同じではありますが、子どもたちにとっては視覚的に見えない、想像上の 100 角形では、認識が大きく異なります。ここを学級全体で議論し、課題を乗り越えていくことは、子どもたちの認識を深めることにつながりますし、子どもたちにとってもやりがいのある、楽しい授業になるのだと思います。

　実際、授業を終えるときの、5 年 1 組のみんなのさらなる「はてな（？）」 には、「なぜ 180 度ずつ内角は増えていくのか？」、「四角形の外角は何度なの？」、「六角形、十角形の外角は？」などが示されていました。この子どもたちは、この授業への参加を通して、新たに THEY 世界を見ていたのではないかと思います。THEY 世界へ憧れ、なりたい自分をつくり、文化形成に参与するということは簡単なことではないと思いますが、子どもの「問い」を大事にしながら、粘り強く授業を展開したことの成果だと思います。佐伯（1995、p. 83）は、「私たちの『学ぶ』という営みが、文化的な所産を『創り出す』人々の営みに、自らも『創り出す』立場で、生成的に関係をつくっていくことである。それによって、結果的に『文化遺産』の発展的な継承が学びによって達成されるのだ」と述べていますが、子どもたちの文化づくりの姿がこの授業にはよく現れているように思います。

　また、子どもの学習感想には次のものが見られます。「図形の角の学習は楽しかったです。わけは、話し合いでいろんな意見が出ていたからです。特に意見が二つに分かれたとき、話し合いがすごかったです」、「私が算数の意見の波に乗ったのは、図形の角の勉強が初めてです。C12 さんや C8 さんがいろんな言葉を発表者に向けているうちに、私も

たくさん反応するようになりました。話の中に入り込むと以外におもしろかったです」、「図形の角の学習を通して、みんな協力の力がついたと思います。発表して反応できたからです。算数が好きになりました」。「問い」を軸とした算数授業では、図形の角度に関する深い理解だけではなく、子どもが YOU 世界を確実に広げつつ、学び方や学びの楽しさを身につけてきていることがわかります。

　真正の文化的実践に誘う上で、改めて「問い」が発せられる学級文化の形成、それを支える教師と子どもの間で「問い」を受け入れ「問い」を探究することへの信頼関係が、学びに大きな役割を果たしているのだと思います。「問い」を軸とした算数・数学授業は、子どもの「問い」を大事にするがゆえに、ありきたりの授業の流れからの逸脱を伴いますが、これを契機に真正の文化的実践へと教師と子どもとで学びを進めることに価値を置いています。こうした算数・数学の授業づくりにおける真剣な語らい合いを通して、子どもたちは、なりたい私、なっていく自分とは何かを身にまとい、自らのアイデンティティを形成していけるのだと思います。

5. おわりに

　本稿は、「問い」を軸とした算数・数学授業について、私なりに理解し、その意味や意義を確認しただけの論考であったかもしれません。改めて、この授業論に込められた思いや考えを実感できるよい機会となりました。本論考の執筆をご依頼いただいた岡本光司先生に心より感謝いたします。また、「おかもと塾 200 回記念誌」（2020）には、ここで紹介させていただいた授業の他にも、さまざまな優れた実践が掲載されており、先生方が子どもたちと共に授業をつくり、共に成長されていく姿を知ることができたことは、わたしにとってうれしいことでした。こうした実践を常につくり続けておられる岡本先生と「おかもと塾」の先生方には敬意を表したいと思います。

　わたしは、「問い」を軸とした算数・数学授業を含め、日本の教師たちが日本各地で協働的に授業開発を行う努力を、世界に誇ることができ

る財産だと思っています。それらは子どもたちが主体的に学ぶ授業づくり、子どもの活動を基調とした授業づくりといった共通の特徴を持ちつつも、独自の算数・数学授業観をつくりながら、よりよい授業を目指して日々の算数・授業の授業づくりに取り組まれている営みです。新しい時代に生きる子どもたちのために、授業開発を行う努力や態度は日本の算数・数学づくりとそれを行う教師たちの特徴であると思います。とりわけ、常に「問う」という姿勢を通して、新しい授業づくりに挑戦することに、「問い」を軸とした算数・数学授業を行う先生方の特徴があると考えています。その姿に素晴らしさと大きな魅力を感じています。

【引用・参考文献】

ブルーナー, J.（1998）。可能世界の心理、みすず書房。

ブルーナー, J.（2004）。教育という文化、岩波書店。

デューイ, J.（2000）。学校と社会・経験と教育、人間の科学新社。

文部科学省、国立教育政策研究所（2012）。平成24年度全国学力・学習状況調査【中学校】報告書。

岡本光司・両角達男（編著）（2008）。子どもの「問い」を軸とした算数学習。教育出版。

岡本光司、土屋史人（2014）。『生徒の「問い」を軸とした数学授業―人間形成のための数学教育をめざして―』、明治図書。

岡本光司（2013）。『算数・数学における「クラス文化」と子どもの「問い」―文化の特性・働きに関する知見を基にして―』。全国数学教育学会、数学教育学研究、第19巻第2号、pp. 15-26。

おかもと塾（2020）。『「問い」を軸とした算数・数学授業」の研究』。算数授業研究「おかもと塾」200回記念誌。

Okazaki, M., Okamoto, K. and Morozumi, T.（2019）. Characterizing the quality of mathematics lessons in Japan from the narrative structure of the classroom: "Mathematics lessons incorporating students' 'questions' as a main axis" as a leading case. Hiroshima Journal of Mathematics Education, 12, 49-70.

佐伯胖（1995）。「学ぶ」ということの意味。岩波書店。

佐藤友紀晴（2023）。5年「図形の角」。本書所収。

Ⅱ. 「私の授業観」を意識し、更新し続けることの大切さ

両角 達男

1. 算数授業における子どもの「問い」

　授業とは、教師の意図に基づく教育的な営みであるとともに、子どもの学習状況や実際の様子に応じて柔軟に変化をしていくものです。教師の意図とは、授業を通して子どもたちにこのように変容してほしいという、授業のねらいや願いにあたるものです。授業のはじめにおける「子どもの状態Ａ」から、授業を通して到達させたい「子どもの状態Ｂ」への「ＡからＢへの変容」が強く意図されたものともいえます。単元のレベルでとらえれば、内容のまとまりのある数時間単位の授業を通して、子どもたちのもつ知識をさらに成長させたいことや、子どもたち自らがもつ見方や考え方を大切にしながら、教科特有の見方や考え方を育み鍛えていくなどが、培いたい事柄（教師の意図）にあたります。

　算数授業においては、子どもたちに成長させたい数学的な知識、育み鍛えたい数学的な見方や考えの伸張が意図された形で、数学的活動が設定され、組織立てられていきます。子どもたちは数学的活動を体験するとともに、体験したことや感じたことを子ども自らの言葉で表現し、その行為を振り返り、さらに「問い」を抱き、その「問い」を数学的に表現した問題として他者と共有し、思考や議論を深め、問題解決を進めることが行われます。問題解決を通して、子どもが自らの知識の成長を感じたり、数学的な見方や考えの適用範囲の広がりを実感したりすることができます。その中で、教師は授業のねらいを念頭におき、授業の中で生じる子どもたちの動きをつぶさにみつめ、子どもの学習過程を捉えていきます。実際の授業の中では、「子どもの状態Ａ」から、教師が当初想定した「子どもの状態Ｂ」への変容をする場合もあれば、「子どもの状態Ｂ」とは異なる「子どもの状態Ｂ'」への変容をする場合もありま

す。授業の中で、教師が子どもの多様な動きを許容すればするほど、多様な「子どもの状態B'」への変容が生じ、授業の流れが予定調和ではなくなる可能性が高まります。

　教師の当初の想定よりも、「子どもの状態B'」への変容が多い場合、授業のねらいを瞬時に修正したり、子どもたち自らの学習を促進する「足場」を設定したりしていきます。教師は、授業のいくつかの局面で子どもの動きに関わる情報を収集し、授業のねらいや子どもの学習状況を踏まえて解釈し、判断し、「授業のねらいを修正する」や「足場を設定する」などの教授活動を行っています。

　こうした教師の動きに支えられながら、子どもたちは授業での思考活動や言語活動を通して、自らの知識を成長させたり、再構築したりすることを他者と協働して行うことができます。算数授業において、数学的活動を体験し、その体験を子ども自らの言葉で語ることを起点として、「ゆらぎ、さまよい、気づき、生みだし、使い、実感する」ことが行われていきます。「ゆらぎ、さまよい、気づき、生みだし、使い、実感する」ことから、さらなる「ゆらぎ、さまよい、気づき、生みだし、使い、実感する」ことも生じていきます。

　時が経つのを忘れて子どもたちが没頭するような、数学的な探究がさらなる探究を生む状態が生じる場合もあります。このような、子どもたちが躍動をしていく算数授業を進める上で、「問い」が重要な役割を果たしています。

　岡本（2013）は、算数・数学授業における「クラス文化」を規定し、「クラス文化」のもとでの「問い」の意義と役割として次の12点をあげています。

①　「問い」は「クラス文化」のもとで生み出されるとともに、「クラス文化」の形成に寄与する。

②　個人的なるものとしての「問い」には，普遍的なるもののパラダイムがある。

③　「問い」は、協働的な学習活動推進の有力な動因になる。

④　「問い」は、統制され固定化した安定状態に「風穴」をあける契機を生み出す。

⑤　「問う」ことは、より上位の価値の実現に向かう学習を促す。

⑥　「問い」は、自らが自らを越えていくことを促す。

⑦　「問い」は、有形の資源（教科書、文献、教具等）と無形の資源（価値観、信念・思考様式、行動様式等）との相互作用を活性化する。

⑧　「問う」ことは、相互育成への効果的な方略になり得る。

⑨　「問う」ことを受け入れ、奨励する学習活動は他者理解の基礎をつくる。

⑩　「問い」は、組織としての学習活動を活性化させる。

⑪　「問い」を受け入れ、奨励する学習活動には、効率的・経済的価値だけでなく、精神的・道徳的価値もある。

⑫　「問う」ことは、真のアイデンティティ形成の契機となる。

（岡本、2013、pp. 18-24）

　岡本（2014）では、ボルノーの教育思想の視点から算数・数学授業における「問い」の意義や働きについてさらなる検討がなされています。この中で、次の指摘があります。

　「「問い」は恣意的、即時的な特性をもつがゆえに、極めて特異なものであることもあるが、問題は、その「問い」が数学的な本質に迫る場合である。ボルノーは、そうした瞬間に教師にできることは、子ども達に「その重要さの認識に目覚めさせる」ことであり、その「問い」を意味ある教材との「出会い」とするよう務めることであるという。すなわち、そこで教師に求められることは、授業の流れの中で、その「問い」の価値を瞬時に見取り、それに即応した判断と扱いをしていくことである。

　前述した「問い」の意義と役割もまた、授業に非連続的過程をもたらすことを承知の上で、教師が「問い」の重要さに気付き、その価値を認め、取り上げることが前提になっている、「問い」を「出会い」として生かすための教師の役割は大きい。」（岡本，2014，p.42）

　算数授業の中で生じる子どもの「問い」がうまく機能することによって、子どもたちが躍動をしながら、数学的な探究を進めることができます。

　その際、算数授業の中で生じる子どもの「問い」を教師がつかみ、その価値を感じ、子どもの「問い」を基点にした算数の学習や数学的な展

開の可能性を直観し、その「問い」を授業の中で生かしていくという教授活動が極めて重要な役割を果たします。算数授業の設計の段階では、数学的活動を通して、よい教材との出会いを通して、子どもたちにこういった「問い」が生じてほしいという教師の想定があります。

　一方、算数授業の実際では、想定した「問い」が生じる場合もあれば、教師が予想していなかった子どもの動きや「問い」が生じる可能性があります。

　子どもの「問い」が同じような文章表現で表されていたとしても、そのときの子どもの関心や感情が異なっていたり、教師の解釈とは少々異なっていたりする場合もあります。算数に関する既習知識の違いや、背景に感じる数学的な見方・考えの違いによっても、同じような文章表現で表された「問い」に対して、違う価値がみえてくる場合もあります。さらに、クラス文化の違いや、学習の進行によっても「問い」に対する子どもたちの見え方が変わる可能性もあります。

　算数授業の中で生じた子どもの「問い」に対して、教師がどのような解釈をするかも多様です。「問い」を生み出した子ども自身の状況、学級におけるその子どもの状況（児童指導面等）からその価値をとらえる場合があります。

　子どもの「問い」と他の子どもによる「問い」との関わりやつながりを優先して解釈する場合もあります。子どもの「問い」が算数・数学のどの内容や領域に密接に関連するのか、さらにどのような数学的な見方・考えを育み鍛えるのかという面で解釈する場合もあります。

　子どもの「問い」をひきだし、その「問い」を生かした算数授業を展開するためには、予定調和ではない授業の流れにも柔軟に対応したり、内容のまとまりのあるいくつかの算数授業を関連づけて運用したりする「教師の授業力」が必要となってきます。一見すると、子どもの「問い」を生かしているようにみえつつ、実は教師が当初設定したシナリオにのせているにすぎなかったという算数授業も存在します。このスタイルの算数授業が続くと、子どもたちが教師の動きや意図を読んで行動をする可能性が高まります。そういったつもりで「はてな？」を言ったつもりはなかったのに、都合のよい形で使われてしまったという思いや、授業

のめあてにつながるような、先生がほしい「はてな？」はこれかなと予想する子どもが次々に生じる可能性も高まります。子どもの「問い」を引き出し、その「問い」を生かした算数授業の実現、その授業を繰り返すことを通して、子どもたちと共に数学の本質に迫っていくクラス文化をつくっていくためにはどうしたらよいのでしょうか。

2. 「問い」を軸とした算数授業を展開できる教師のもつ特徴と動き

　子どもの「問い」を軸とした算数授業を展開できる教師には、どのような特徴と動きがあるのでしょうか。過去に静岡に在住していた私は、岡本光司先生のご指導を受けた多くの教師による算数授業や数学授業を参観する機会がありました。また、岡本先生のもとで学ぶ「おかもと塾」に参会する機会もありました。子どもの「問い」を軸とした算数・数学授業論に共鳴し、日々の授業実践に生かしている教師には、次の特徴と動きがみられます。

《「問い」を軸とした授業を展開できる教師のもつ特徴と動き》
① 　内容のまとまりのある複数時間の授業（単元）を通して、子どもたちにどのような学力を身につけさせたいのかを明確にし、文章化しています。
② 　単元の導入における数学的活動を工夫し、数学的活動を体験した子どもたちから様々な「問い」が生まれるように、教材研究やカリキュラム構成を行っています。
③ 　授業の中で生じた「問い」、子どもたちの意見や考えをつむぎながら、1つの授業、あるいは複数の授業全体がストーリー性をもつようにしています。そのために、子ども自身の内省的な記述を促したり、学級全体での学びの軌跡が残る工夫された板書をしたりしています。
④ 　単元の学習はじめの「問い」、単元の学習後半（まとめ）での「問い」を子どもたちがそれぞれ記載し、「問い」の変容を通して、子どもが自らの学びの軌跡を実感させることを促しています。
⑤ 　子どもの「問い」を軸とした算数授業を実践するための「私の授業観」

を、学習指導計画や学習指導案の中にも記載しています。校内の授業研究会などでも「私の授業観」に関わる主張を行っています。

⑥　「私の授業観」そのものについて、「問い」を軸とした算数・数学授業の展開を志向する他の教師と共有したり、議論を行ったりしています。その議論や、実践した授業の省察を通して、「私の授業観」の更新を繰り返し行っています。

《「問い」を軸とした授業を展開できる教師のもつ特徴と動き》①から⑥は、端的に表現すると、次のようにもいえます。

① 　身につけさせたい学力の明確化
② 　「問い」を軸としたカリキュラム構成
③ 　ストーリー性を生む教授活動
④ 　「問い」の連鎖や変容の実感
⑤ 　「私の授業観」の顕在化
⑥ 　「私の授業観」の更新／刷新

「私の授業観」の顕在化は、教師にとって容易なことではありません。授業者として行った算数授業における私自身の動きを振り返り、局面での意思決定や判断の様子をとらえ、その要因や背景を自分で行う必要があります。研究授業で多くの先生方が参観する環境であれば、様々な情報を得たり、無意識に行った教授活動を知ったりすることもできます。日々の授業実践に対して、振り返り、その背景を探ることは労力のいることです。さらに、「私の授業観」の更新／刷新には、労力に加え、勇気も必要になります。一方で、

《「問い」を軸とした授業を展開できる教師のもつ特徴と動き》の⑤と⑥を踏まえた上での、①と②の検討は、実践から得られた理論をもとに授業改善を進めるといった、理論と実践との往還や融合の可能性が期待できます。

石井（2020）は、教師としての力量形成に関わり、省察のシングル・ループとダブル・ループという概念をもとに、次の指摘をしています（p. 310）。

「教育活動の構想・実施・省察のサイクルが、教師の実践研究のサイクルになるかどうかは、それを通して教師の哲学、理論、技能の洗練や

再構成（教師としての学びと成長）が促されるかどうかにかかっています。その際、「省察（reflection）」のフェーズが、シングル・ループ学習として展開されるか、ダブル・ループ学習として展開されるかが重要となります（アージリス、2007）。」

《「問い」を軸とした授業を展開できる教師のもつ特徴と動き》の⑤と⑥、これを踏まえた上での①と②等は、石井（2020）の指摘するダブル・ループの省察にあたるものです。なお、ダブル・ループの省察の図式には、「省察、再考、枠組みの再構成」などのキーワードもみられます。

《「問い」を軸とした授業を展開できる教師のもつ特徴と動き》に関わり、静岡市立小学校6年の「円の面積」の授業における佐藤友紀晴先生の動きを例示します。図1は、2014年7月3日に行われた「円の面積」の授業に関わる佐藤先生の学習指導案の一部です。上側には18名の子どもの座席表、下側には20名の子どもの座席表があり、それぞれの子どもの前時の特徴的な動きなどが端的に書かれています。図1の中に埋め込まれたものが学習指導案となっています。

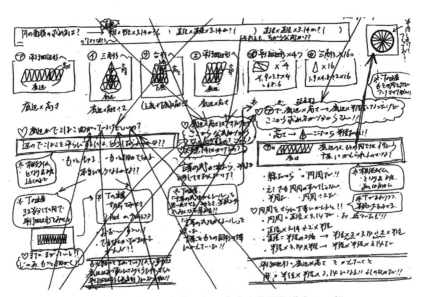

図1　円の面積公式導出に関わる小学6年の座席表学習指導案の一部

佐藤先生の学習指導案の目標は、次のように書かれています。

　「円の面積の求め方について、㋐「半×半×3.14か？」、㋑「直×直×3.14か？」、㋒「それ以外か？」と予想を立てながら、㋐の考えを中心に話し合うことを通して、底辺のまがりを直線にするには円をさらに細かくすること、そして「底×高」を「言葉の式をかえルール」を使って、もとの円の言葉にかえていくことで、「半×半×3.14」になることをつくるあげることができる。〔思、判、表〕」

　この学習指導案では、円を16個の合同な扇形に分割した上で、その16個の扇形を平行四辺形、三角形、台形など、小学5年までに学んだ図形に置き換えることが意図されています。例えば、「㋐平行四辺形へ」では、扇形8個ずつが上下に組み合わされた図形が記されています。「㋑三角形へ」では、扇形がそれぞれ7個、5個、3個、1個で組み合わせた図形が記されています。

　扇形を組み合わせてつくった図形で、底辺や高さとみなして「底辺×高さ」や「底辺×高さ÷2」でその図形の面積を導いていくことが書かれています。

　その先に「♡底辺がでこぼこ曲がっていいの？」とハートマーク（♡）で記された「問い」が出てきます。この「問い」は、授業内での議論を通して出現することが意図されています。さらに、上側の座席にある3名、下側の座席にある5名から矢印が出され、前時までの学習を踏まえ、この「問い」を生むであろう8名の子どもを想定しています。その下には、「※相談タイムとなり、班、近くの子で」という記述とともに「辺のでこぼこを平らにするには、どうしたらよいかな？？」と、数学的な部分に迫る教師からの発問が記されています。この発問に関しては、小学6年の算数学習で解釈が可能なところと、あえて「問い」を温めておくところの双方が考えられます。円をぴったり重なるように「折って、折って…」、16等分、32等分、64等分、…と合同な扇形に分割することをできる限り繰り返し、扇形を組み合わせて、平行四辺形や三角形に限りなく近づく図形を作ることはできます。一方で、辺のでこぼこをきれいに平らにするとみなして、数学的に解釈するには、高校3年で学ぶ極限概念などの学習が不可欠となります。

図1には、「※Tの出番　32等分した円で平行四辺形をみせる」、「※Tの出番　動画をみせる、iPadかプロジェクタ」、「※Tの出番　「言葉の式かえるルール」を思い出させる。このとき、算数コーナーへみんなを集める！」等の記述もみられます。算数授業の流れを想定しながら、授業の中での子どもの発話や動き、前時までのノートの記述等を関連づけて、子どもの声をつむぎながら、授業を進めようとしています。さらに、「♡また、まがっている‼　じゃあ、もっと細かく‼」という板書を意図した記述、「おお～、すごい‼」「でも、なんかだまされたかんじ‼」という予想される子どもの声などもかかれ、全体が1つのストーリーをなしているようにみえます。

　佐藤先生のつくっている学習指導案には、《「問い」を軸とした授業を展開できる教師のもつ特徴と動き》①～③が盛り込まれています。なお、当時、佐藤先生は算数授業における子どもの「問い」の働きとして、次のa～cを指摘しています。

「a．つくりあげようとする法則や公式・アルゴリズムを高い一般性や利便性をもったものとしてまとめる方向付けをする。

　b．新たな法則や公式・アルゴリズムにふれたとき、それが成り立つ根拠を探る方向付けをする。

　c．「個人的・内的・主観的」な「問い」から学級で承認を受けた「社会的・外的・協定的」な「主題」に移行するという社会的側面からの深化を促す。」

　佐藤先生による円の面積公式の導出とその解釈に関わる授業は、7月2日と3日の両日にかけて、3時間強の授業時間をかけて行われました。円の面積に関わる導入の授業では、4つの図形「平行四辺形、正方形、ひし形、円」が提示され、それらの図形の面積を比較することが行われます。4つの図形はいずれも方眼に記されたものです。直感で大きさを比較することや、方眼の個数を数えることにより、平行四辺形の底辺や高さ、正方形の縦と横、ひし形の対角線の長さを各々求め、既習の面積公式を用いて求めた値で解釈することが行われました。その後、半径10cmの円の面積を求めるための学習活動が行われます。図2左側の板書にある考えは、半径10cmの円によって囲まれた$\frac{1}{4}$円では、方眼

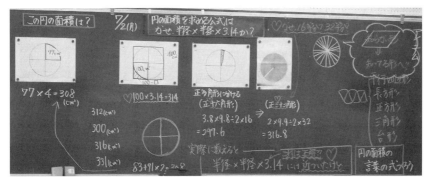

図2　円の面積公式導出に関わる算数授業の板書（7月2日実施）

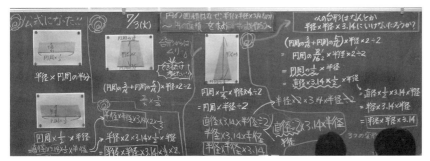

図3　円の面積公式導出に関わる算数授業の板書（7月3日実施）

の個数がおよそ77個であること、半径10cmの円にはその4倍の方眼が入るので、308cm²となると考えたものです。半径10cmの円に入る方眼の総数を求めることでは、312cm²、300cm²、316cm²、331cm²などの値も出ています。その後、円の面積は半径×半径×3.14で求められるという意見（既に知っていた）が出てきます。この意見に対して、「どうして、その計算で円の面積が求められるのか？」という意見が次々に出てきます。

　図2の板書には、「♡100 × 3.14 = 314」とハートマークで記されています。さらに、皆で考え、議論したい内容（学習のめあて）として「円の面積を求める公式は、なぜ、半径×半径× 3.14か？」と記されます。このことに迫るために、「♡なぜ16等分、32等分？」、「知らない形→知っている形へ：アイテム」という記述もみられます。問題を解決

179

するための必要な見方や考え、方法について、授業のやりとりの中で端的に記載されていきます。また、「実際に数えると、半径×半径×3.14には近づいたけど　←これは正解 ?? ♡」という絶妙な表現もみられます。円に囲まれた方眼の個数を工夫して数えたり、既知の図形への置き換えを工夫したりすると、314という値に近づくという経験を踏まえて、子どもの活動を認めながら、あえて「問い」を残して温めています。さらに、次時につながる「円の面積の言葉の式をつくろう」という学習課題を最後に記しています。

　この後、子どもたちは、色画用紙に印刷された半径10cmの円をぴったり重なるように折り重ね、等分割によって16個の扇形を切り取ります。切り取った16個の扇形を並び換え、別の紙に形を変えて貼る活動を行います。円を平行四辺形や三角形などの図形に置き換えて、線分の長さを実測し、その面積を求めていきます。この学習活動を経た後に、各々の子どもが考えた方法で、円の面積公式を導出していく授業での板書が図3となります。

　この授業では、円を平行四辺形に置き換える方法をもとに、32等分など分割を増やせば、置き換えた図形は長方形に近づくという確認のもと、「半径×円周の半分」で面積が求めることができるというやりとりがあります。その後、円周の長さに関する既習内容を用いて、「円周 $\times \frac{1}{2} \times$ 半径 = 直径 $\times \frac{3}{14} \times \frac{1}{2} \times$ 半径」となることが確認されます。さらに、「半径 $\times 2 \times 3.14 \times \frac{1}{2} \times$ 半径 = 半径×半径×3.14 $\times \frac{1}{2} \times 2$」という式を導いています。

　その後、円を台形に置き換える方法をもとにした、言葉の式「(円周の $\frac{3}{16}$ + 円周の $\frac{5}{16}$) ×半径× 2 ÷ 2」という児童 A の考えが発表されます。児童 A の式から、半径×半径×3.14 の式が出てこないという意見も出てきます。

　佐藤先生は、このやりとりに焦点をあてて、「児童 A の台形はなんとか半径×半径×3.14 にいけないだろうか?」と焦点化していきます。
　その後、「(円周の $\frac{3}{16}$ + 円周の $\frac{5}{16}$) ×半径× 2 ÷ 2 = 円周の $\frac{8}{16}$ ×半径× 2 ÷ 2」のように、分配法則を用いて式変形をするアイデアが共有され、「台形からはムリ」ではなく、児童 A による方法からも円の面積公

式が導出できることが確認されていきます。

　図2や図3における板書（授業の実際）は、佐藤先生が当初想定した図1の学習指導案とは異なるものです。さらに、当初の想定よりも、円の面積公式導出とその解釈に至る授業時間も要しています。図3における児童Aの考え（台形への変形）への着目も、円の面積に関わる授業最初には予想していなかったようです。一方、図1の学習指導案にみられる授業展開の方向性、授業を進める上で大事にしたいことは、図2や図3に共通にみられます。

　子どもの「問い」を軸とした授業を展開できる教師のもつ特徴として、「私の授業観」に基づく授業設計と授業展開の骨格にあたるところは堅守しつつ、授業の実際に応じて、柔軟に弾力的に対応することが顕著にみられます。

3. 「私の授業観」を意識し、更新し続けること

　「私の授業観」そのものを記述すること、いくつかの観点に基づいて記述した「私の授業観」の特徴をとらえること、「私の授業観」を意識して授業設計をすること、「私の授業観」に基づいて実践した授業を分析し省察すること、「私の授業観」に関連づけながら授業改善に向けた具体策を検討し実施すること、いずれも教師の労力が必要です。暗黙知ともいえる「私の授業観」は、その知を明らかにするための視点や観点が必要です。本書第1章に記載されている事柄は、「私の授業観」とは何か、「私の授業観」の顕在化等に向けて、多くの示唆を与えます。

　さらに、「私の授業観」は、授業観に関する他者との議論、他者のつくった「私の授業観」の記述との比較を通して、その記述が洗練され、主張が明瞭なものになっていきます。一方で、授業実践とその省察等を通して「私の授業観」を更新し続けることは、大きなエネルギーが必要となります。

　『「私の授業観」を意識し、更新し続けること』は、教師の授業力の向上のみならず、理想とする教師像の具体化とその実現に向けても不可欠です。

子どもたちにとって躍動感あふれる算数授業の促進と実現が期待できます。

　私は、『「私の授業観」を意識し、更新し続ける』ために継続的に行われている、「おかもと塾」の試みと営みに注目しています。「おかもと塾」には、次の七カ条の心得があります。

【おかもと塾七カ条の心得】

1. 手ぶらで来ない、手ぶらで帰らない。
2. 自らが「問う」ことに、自らの「学び」の始点を置く。
3. 安易な妥協や諦めをよしとしない。
4. 臆することなく自分を語り、真摯に仲間のことばに耳を傾ける。
5. お互いにお互いを生かそうとする。
6. 常に本質的であろうとする。
7. 「学ぶ」ことに、「学ぶ者」であることに誇りをもつ。
　＊互いに感謝し合う気持ちを忘れないこと

　「おかもと塾」では、毎月1回、参会者各自がレポートを持参し、発表・討議を行っています。そのレポートの内容は、「教材の使い方（この教材を、こんな扱いをしてみたが。）」から「授業観・学習観・学力観（算数の授業、算数の学習、算数の学力というものを、こんなふうに考えたいが、考えているが。）」等々まで、幅広く、参会者個々にゆだねられているようです。初任の先生から熟練の先生まで、様々な先生方が参会されています。

　例えば、佐藤先生は「おかもと塾」2011年3月のレポートにて、「私の算数実践ターニングポイント」として、自分の教師生活を振り返り、次のように、いくつかのポイントとなる出来事を書いています。

　　「初任校のK小では、子どもの「はてな（？）」から始まる授業をめざしたが、残念ながらうまくいかなった。どうしたら「はてな（？）」から始まり、それをみんなで解決して新たな知識の創造ができる授業に向かうのか？

これが、初任から５年間の悩みであった。」

　「この子たちが３年生だった頃、岡本先生によく授業を見に来ていただいた。そのたびに「教材の本質からはずれた授業になっている」ということを指摘され、特に自分の出番がよくないことをバッサリと斬られた。」

　「子ども一人ひとりがもっと、分かろうとしてお互いの意見を聴き合うようにしなければ。その頃から、自分は、授業のスタンスを徹底的に変えた。クラスの雰囲気を徹底的に変えようと決意した。塾で習ったこと、知っていることはためらわず出してくれてよい。お互いにお互いの意見を分かろうとして、共感的に聴くこと。どんなに間違った意見でも、その子の気持ちを分かろうとすること。それでも、分からないことがあったらそれは、素直に質問すればよいこと、などである。」

　具体的な出来事の詳細な記述と回想、さらに、成長した自身からみた視点で書きおこすことによって、佐藤先生が教師としての、自分自身のライフコース研究を行っているともいえます。

　『「私の授業観」を意識し、更新し続ける』ためには、共に学び合う教師集団の存在、教師の教育的営みを鳥瞰し、客観的にとらえるための記述と議論が必要です。「私たち自身の教育実践を問うこと」の大切さを痛感します。

引用・参考文献

石井英真（2020）『授業づくりの深め方―「よい授業」をデザインするための５つのツボ』ミネルヴァ書房

岡本光司ほか（2011）「算数授業研究「おかもと塾」第100回記念特集」

岡本光司（2013）「算数・数学授業における「クラス文化」と子どもの「問い」―文化の特性・働きに関する知見を基にして―」全国数学教育学会誌『数学教育学研究』第19巻、第2号、pp. 15-26

岡本光司（2014）「O. F. ボルノーの教育思想と算数・数学授業における「問い」」、全国数学教育学会誌『数学教育学研究』第20巻、第2号、pp. 39-47

Ⅲ. 「問い」と学級文化、学びのつながり

松島 充

1. 「問い」と学級文化のつながり

　算数・数学学習と「問い」の関連は、1990 年代から岡本氏が探究をはじめ（例えば、岡本、1998）、「問い」を軸とした算数学習（岡本、両角、2008）として日本の算数・数学教育界に広まり、現在では学習指導要領解説算数編にも明確に位置付けられるようになりました。

　算数学習における子どもたちの「問い」とは、本時の問題に対して「どうやって解くの？」、「A さんと私の答えがちがうのはどうして？」、「B さんの解き方はどういう意味なの？」などのようにさまざまでしょう。本書では、このような個別の子どもの「問い」を学級全体で共有して「学習主題」へと高め、学級全体で協働的に追究して「問い」を解決するとともに、残された「問い」や新たに生まれた「問い」に対してさらに協働的に追究していくという 5 段階方式の実践が紹介されています。ここで 2 点の疑問が生じます。第一に、個別の「問い」を学級全体で協働的に解決し、さらに次の「問い」を探究していくという算数の学びはどのようにしたら可能なのだろうかという点です。第二に、教師の「問い」はどのように考えればよいのかという点です。本節では、まずこれらの 2 点について考察してみます。

(1)「問い」の協働的追究を可能にする学級文化

　個別の「問い」を学級全体で共有して協働的に解決し、さらに次の「問い」を探究していくという算数の学びはとても理想的に聞こえますが、そのような実践はなかなか難しいというのが現状ではないでしょうか。しかし本書で紹介された実践は、このような算数の学びを実際に展開しています。なぜこのような算数の学びが可能なのでしょうか。その背景には学級文化が大きく関係していると考えられます。

　学級文化とは、学級に所属する子どもと教師によって共有されている

価値観などをもとにした思考様式、行動様式などの総体です（本書第1章参照）。上記のような学びを可能にする学級文化には、他者を第一に大切に考える価値観が存在する必要があるでしょう。これは自己よりも他者を大切にしようと主張しているのではなく、自己やこの世界の発展のためにはまず他者との対話が重要だという意味です（レヴィナス、2020）。なおここでの他者とは、人だけではなく周囲の環境等も含んで考えることにします。この他者との対話を第一に重視しようという思想は、ヴィゴツキーやバフチンの思想とも重なりますし、近年の数学教育においても重視されはじめています（例えば、Ernest、2013；Radford、2021）。このような個別の「問い」を学級全体の「問い」として共有し、そのこと自体に価値を見いだしている学級には、次のような価値観を大切にする文化が芽生えているのではないでしょうか。

　1：他者の言葉を大切に聞き、応答すること
　2：本時の「問い」の解決のために貢献しようと対話を続けること
　3：対話において他者をケアすること

（Radford、2021）

　1は、対話においてどのような立場の他者とも対話を続けることを意味します。例えば「Cさんの考えは全く違うからCさんの考えは聞かない」という態度ではなく、「なぜCさんがそのように考えたのか」を丁寧に聞き、対話を続けていくことを大切にします。2は、そのようなCさんの考えをもとに、本時の「問い」の解決に共に向かっていく対話を続けていくことを大切にします。そして3は、本時の「問い」の解決に向かう際にCさんの理解の状況や心情に配慮して対話を続けようとします。またCさんだけでなく、「問い」の解決の過程と結果に伴う影響にも配慮して対話を進めようとします。この対話の過程と結果による影響を考慮することをケアすると表現しています。本書で紹介されている実践には、至るところに上記の三つの価値観を見いだすことができるでしょう。

　また、「問い」の協働的追究に学級文化が関連していると考えることは、算数・数学の学習観に大きな変革をもたらします。これまで算数・

数学を理解することの出発点は、あくまでも個人でした。1960年代以降の認知心理学では知識をモノとして考え、そのモノをいかに学習者個人にうまく渡していくかについて研究がなされました。1980年代以降の算数・数学教育では、知識は学習者個人がつくるモノもしくは学習者個人の脳内の関係性として捉えられました。他者や周囲から影響を受けながらも学習者個人が知識を構成するという立場です。しかし「問い」の協働的追究と学級文化につながりを見いだすと、他者がいるからこそ学習者としての自己の知識が広く・深く構成されることになります。つまり算数・数学を理解する過程は、他者との対話からスタートすることになるのです。このことは「一人では算数・数学を広く・深く学ぶことはできない」ことを意味します。これはとても大きな変革です。なぜならば、学びが他者との関係からはじまるということは、学級内のすべての子どもが上記の三つの価値観を重視する必要があるからです。

　ここで、学級全体で三つの価値観を大切にしようとしている事例を見てみましょう。4年生の1月の終わりに仮分数と帯分数の大きさ比べをしている場面です。分数の $3\frac{1}{2}$ を仮分数に直す場面には、$3 \times 2 + 1$ の式を用いるのか、$2 \times 3 + 1$ を用いるのかを学級全体で議論しました。はじめは $3 \times 2 + 1$ の式に学級全体が納得しているような雰囲気でした。しかし一人の子どもが「僕は $2 \times 3 + 1$ だと思う」と発言したことをきっかけに、学級全体がざわざわし始めました。そして担任のU教諭が「$3 \times 2 + 1$ だと思う人？」と聞くと誰も手を挙げず、「$2 \times 3 + 1$ だと思う人？」と聞くとほとんどの子どもが手を挙げました。すかさずU教諭が「なんで？」と問うと、学級全体がシーンと静まり返りました。U教諭は「みんなが手を挙げているからいいの？そうじゃなくて、友達の意見に対して自分の意見をどんどん言っていくことが大切だよね。ちょっと周りの人と話してみて」と促すと、堰を切ったように一斉に近くの友達との対話が始まりました。

　あるグループのAさんは「$\frac{1}{2}$ が3個分だから $2 \times 3 + 1$ だよ」と説明すると、Bさんは「だから $2 \times 3 + 1$ だね」と半分うなずき、半分困った顔をしながら「もう1回説明して」と再度説明を求めました。もう一度同じ説明をAさんが行うと、Cさんが「え？ $\frac{1}{2}$ が3個分だと $\frac{3}{2}$

で、それにたす $\frac{1}{2}$ だから $\frac{4}{2}$ だよ」と発言しました。すると3人とも「え？よくわからなくなってきたね…」となり、グループ対話が終わり、全体交流の時間となりました。この後の全体交流では、学級全体で $2 \times 3 + 1$ の2は $\frac{2}{2}$ を示していることを明らかにする対話が、率直に意見を言い合いながらも温かな雰囲気の中で行われました。

　以上の例では、三つの価値観がとても大切にされている様子がわかります。まずU教諭の発言です。他者の意見に流されることなく、自分の意見を発表することが大切だというU教諭の言葉は、1と2の価値観を大切にしようと子どもたちに投げかけている姿そのものです。またグループ対話でのBさんの半分うなずきながらも再説明を求める対応は、三つの価値観すべてを大切にしている表れそのものと言えるでしょう。このようなグループ対話は、子どもの個別の「問い」をもとに、その後の全体交流で協働的追究を実現していくための基盤となっているといえるでしょう。また全体交流での学級全体の温かな雰囲気から、学級全体の人間関係にもよい影響を与えている可能性が指摘できるでしょう。三つの価値観を大切にした算数の学びが毎日実践されていくと、毎日の算数の学び、そして毎日の子どもたちの学校生活は大きく変わっていくことでしょう。

(2) 教師の「問い」の存在

　学習の主体者である個別の子どもの「問い」を協働的に追究していくには三つの価値観が鍵となっていました。一方、教師の「問い」は存在するのでしょうか。ここでの教師の「問い」とは、「この問題はどうやって解いたらよいですか？」のような教師の発問とは異なります。教師の「問い」とは、教材研究時の算数・数学に対する「問い」や指導案作成時の授業をどのように構成するかの「問い」、授業時の「なぜこの子どもはこのように考えるのだろうか？」のような子どもの思考に関する「問い」などさまざまあるでしょう。このように考えると、本書第1章で示された「私の授業観」のA：子どもの学習、B：授業の構成・展開、C：教材の選定・提示、D：教師の指導、E：学習規範の設定、F：学力の共通認識は、どれも教師の「問い」の6項目とみることもできます。各単元、各授業におけるこれらの6項目について教師は常に「問

い」を持って授業に臨んでいると考えることができます。その際には、教師も三つの価値観を重視して対話をしていることが望ましいでしょう。なぜならば、教師は前節での具体例のU教諭のように学級での規範を示す中心的存在であるとともに、学級文化を担う一員でもあるからです。教師が三つの価値観を重視し、より良い授業の実現を目指して「子どもから学ぶ」姿を子どもたちに見せることで、学級全体に望ましい学級文化を醸成していくことができるでしょう。

　授業では、子どもも教師も「問い」を持っています。三つの価値観を大切に対話を続けることによって、その「問い」を子ども同士で、子どもと教師で協働的に追究していくことが可能になります。このような子どもと教師の両者の三つの価値観の重視が、「問い」の協働的追究を実現する学級文化を醸成するとともに、逆にその学級文化が、「問い」の協働的追究を促進していくでしょう。

2.「問い」と学びのつながり

　本節では「問い」と学びのつながりについて考えてみます。「問いは学びの原動力である」とよく経験的に述べられます。しかしその理論的裏付けは何でしょうか。教育哲学者ボルノーの「人間とは問う存在である」（ボルノー、1988、p.181）という主張をもとに、理論的に算数・数学学習のあり方を構築したのが『「問い」を軸とした算数・数学学習』です（岡本・両角、2008；岡本・土屋、2014）。本節では、教育哲学以外に「問い」と学びのつながりの理論的根拠を求め、実践例の解釈を試みます。

（1）神経科学、発達心理学の研究から

　近年の神経科学では、意識や感情についての新たな知見が提出されています。その中に、快や幸せの感情が生物としての人間にとって望ましい感情であり、不快や不幸せの感情は再び経験しないほうが望ましい感情であると区別されることが人間の本性であるとされています（ダマシオ、2022）。また発達心理学の研究では、快や不快のような感情が強く働く状況での学びの記憶は、人間の生存可能性を高めるために、他の状

況よりも定着しやすいことが明らかにされています（高橋、2012）。こ
れらの２種の研究を統合して考えると、人間は生命を維持するために快
を好み、不快を回避しようとする指向性とそれらの状況を効率的に記憶
する能力を生得的に備えていると考えられます。

　この人間の生得的な能力と「問い」の関係について考えてみます。
「問い」を抱いた当初は、認知的に苦しい状況でしょう。しかし「問い」
が解決されれば、最初の苦しい状況が大きければ大きいほどその喜びは
倍増します。「問い」を軸とした算数・数学学習は、未解決の「問い」
を抱えたままの苦しい状況を打破し、快を求める人間の指向性に沿った
非常に自然な学びの姿と言えるでしょう。またそのような状況で学んだ
「問い」を軸とした算数・数学学習は、学びの効果がより高まる学びで
あるといえるでしょう。

(2)「問い」と学びのつながりの実践例

　前小節では「問い」と学びのつながりの神経科学と発達心理学からの
理論的根拠を述べました。本小節では、この理論的根拠をもとに実践事
例を解釈してみます。

　取り上げる事例は、本書第２章Ⅴの酒井教諭による５年「円柱と角
柱」の三角柱の展開図の事例です。この学習で酒井教諭は、４年時の単
元「立方体と直方体」での「展開図は何種類あるのだろう？」という子
どもたちが「問い」の解決に熱中して取り組んだ経験を想起させれば、
子どもたち自身が「楽しさ」を感じ、「問い」が生まれ、つながるので
はないかと構想しています。ここで注意したいことは、子どもたちが１
年前の学習を覚えているか、またそれを想起して本時の学習に活用でき
るかという点です。算数の問題の解き方に焦点化した学習を積み重ねて
いる場合、１年前の学習内容を想起し、さらにそれを活用するというこ
とはかなり難しいことではないでしょうか。本実践では、31 人の子ど
もたちのうち１人だけが異なる三角柱の展開図をかいたことを共有する
手立てを契機として次のように対話がなされます。

　　Ｃ：あ！Ａくんだけちょっとちがう！
　　Ｃ：上と下の正三角形の位置がちがう。
　　Ｃ：なんか、立方体の展開図みたいに、いろいろな種類があるのか

な？

　Ｃ：そうそう、いろいろな種類があるんじゃないかな？

　このように一気に１年前の立方体の展開図の学習が想起され、新たな「問い」が生まれています。この現象を神経科学と発達心理学の理論から考察すると、４年時の「問い」を軸とした算数学習において、「問い」を抱えた苦しい状況から「問い」を解決した快の状況へと達した経験が、子どもたちの学びの記憶を強く定着させていたため、本時の三角柱の展開図の学習においてその経験を容易に想起させ、「問い」の解決という快の方向へと学びの方向を向けたと解釈できます。

　次に子どもたちは、Ｂくんのおもしろい展開図を次なる契機として、立方体の展開図での学習方法を適用しながら三角柱の展開図の探究を始めます。これも４年時の「問い」を軸とした算数学習が効果的に子どもたちの記憶に定着していたため、その記憶を本時の学習方法に適用できたと解釈できます。

　「問い」を軸とした算数・数学学習は、人間本来の指向性に沿った学びの姿であるとともに、深い学びを実現し、それを連鎖させていくことができる学びであるということができます。

3.「問い」を媒介とした学級文化と学びのつながり

　ここまでに、子どもと教師の「問い」を軸とした算数・数学の学びが、他者との対話を学びの始点とした学級文化をつくること、逆にそのような文化が「問い」の協働的追究を可能にすること、そして「問い」を解決したときの快の感情は人間にとって自然な学びの姿であるとともに、効果的な学びであることを指摘してきました。「問い」は学級文化と相互作用的に影響し合うとともに、深い学びにも影響を与えています。「問い」は学級文化と深い学びを媒介し、結び付けているのです。

【参考文献】

岡本光司（1998）「状況的学習」論に基づいた数学学習のパラダイムと数学授業のフレームワーク、数学教育論文発表会論文集、31、pp. 335-340。

岡本光司、両角達男（2008）子どもの「問い」を軸とした算数学習、教育出版。

岡本光司、土屋史人（2014）生徒の「問い」を軸とした数学授業：人間形成のための数学教育をめざして、明治図書。

高橋雅延（2012）情動と記憶、日本発達心理学会編、発達の基盤：身体、認知、情動、新曜社、pp. 205-219。

ダマシオ, A.（2022）教養としての「意識」：機械が到達できない最後の人間性、ダイヤモンド社。

ボルノー, O. F.（1988）問いへの教育　増補版、川島出版。

レヴィナス, E.（2020）全体性と無限、講談社。

Ernest, P.（2012）What is first philosophy in mathematics education?, *For the Learning of Mathematics*, 32（3）, pp.8-14.

Radford, L.（2021）*The theory of objectification: A Vygotskian perspective on knowing and becoming in mathematics teaching and learning*, Brill Sense.

あとがき

　月日が経つのは早いもので、「おかもと塾」が開塾されて22年目。回数にして230回超。もうすぐ四半世紀を迎えます。開塾当時は教員採用試験の倍率が全国で軒並み高く、正規教員になかなかなれませんでした。初代塾生の中にも臨時講師として勤務しながら塾に通う者もいました。

　当時私は小学校教員2年目で、考えても考えても指導書通りの展開しか思い浮かばなかったつまらない自分の授業をどのように工夫したら子どもたちの眼がもっと輝くだろうと考え始めていたころでした。そんな時、岡本先生が静岡大学を退官し、一般市民親子向けに算数講座なるものを開いていたこと、そこに元ゼミ生の後輩の一人が大阪から毎回、わざわざお手伝いに来ていたことを知り「自分も岡本先生と何かを始めたい！」と思い、すぐさま岡本先生に電話をしたのを記憶しています。

　当時は、私を含め、同年代6人の塾生でスタートしました。みんな20代前半。教師なりたてもしくは教師を目指していた同年代の仲間です。そんな同年代の仲間だったからでしょうか。毎月第二土曜日に一人1レポートを持ち寄り、岡本先生のご自宅で5時間かけて一人ずつのレポートについて議論しました。「この導入はもっとこうするといいんじゃない？」「この流れだと目標に到達できないかな？」「自分だったらこうする」など、思ったことを同じレベルで和気あいあいと議論しますが、最後に岡本先生から「この流れでは全くダメだ」とバッサリ斬られてしまうことの繰り返しでした。

　でも、どうしてでしょうか。岡本先生からバッサリ斬られると清々しく、むしろやる気が湧いてくるのです。それはきっと、斬られた後の、岡本先生の全くぶれないご指導があるからでしょう。岡本先生は、開塾当時から「この教材の本質は何か。どんなよさがあるか」「子どもはどんな『問い』を持つか。思考をするのか」を私たちに投げかけ、毎回それを各々自分の言葉で表現し、展開を考えることの大切さを説いてくださいました。そして、具体的にどんな投げかけをするとよいのか、その投げかけをすると、どんな子どもの「問い」を引き出せるのか。その

「問い」を始点として子どもたちが自分たちの力でどんな新しい算数ルールを創造していけるのかについて、深い助言をいただきました。すると、これまで深い霧の中にいた自分たちの視界が見事にすうっと晴れていったのです。早速翌週言われたとおりに展開を変え実践してみると、授業が変わり、子どもたちの表れが変わり、確かな手応えを感じるのです。毎回、その驚きと感動がたまらず、塾生全員が次第にこのおかもと塾の虜になっていきました。

その数年後、岡本先生が新たに指導にかかわった常葉学園大学の学生や、塾生からの紹介等により、7名の新塾生が入塾し、現在のメンバーとなっています。

入塾した当時からそうでしたが、「おかもと塾」ではどうしたら、子どもの「問い」を引き出せるだろうか、どうしたら、その「問い」を授業に組み込み、子どもたちが主体的に新たな算数の世界を創り上げることができるだろうかという意識を持ち、みんなで追究してきました。

その過程で、岡本先生は「状況的学習論」「学力論」「創造性理論」「有機体論」「文化論」等、常に新しい視点を取り入れ、新たな理論を構築し、それらを「総体」としてまとめています。

まさに、塾長である岡本先生自身が常にバージョンアップしていかれ、進化・深化されてきた先駆者・開拓者であった故、「おかもと塾」がそして塾生全員がここまで自分たちなりに進化・深化を遂げることができたと思います。岡本先生自身の進化・深化に毎回わくわくし、次はどんな世界を岡本先生と共に見ることができるのだろう、どんな子どもの姿を見ることができるのだろうと常に期待の連続でした。

その進化・深化の一つの形が今回の書籍です。これまで四半世紀にわたりお互いにしのぎを削り、共にバージョンアップしてきた各々の塾生の一番の授業事例が掲載されています。明日の全国各地の算数授業改善の一助になればと思います。とはいえ、まだまだこれも挑戦の過程。次は300回突破を目指しつつ、お互い切磋琢磨しともに成長できたらと思います。

佐藤　友紀晴

編著者・執筆者一覧 (執筆順)

【編著者】

岡本　光司　元静岡大学教授（第1章）

【執筆者】

落合　有紗　藤枝市立朝比奈第一小学校教諭（第2章、Ⅰ）

永田　健翔　静岡市立森下小学校教諭（第2章、Ⅱ）

鈴木　元気　静岡市立長田北小学校教諭（第2章、Ⅲ）

佐藤友紀晴　元静岡市立安倍口小学校教諭（2章、Ⅳ）

酒井　信一　静岡市立安東小学校教諭（2章、Ⅴ）

横山　剛志　菊川市立六郷小学校教諭（2章、Ⅵ）

立花千紗子　静岡市立清水宍原小学校教諭（2章、Ⅶ）

岡崎　正和　岡山大学教授（3章、Ⅰ）

両角　達男　横浜国立大学教授（3章、Ⅱ）

松島　充　香川大学教授（3章、Ⅲ）

【研究協力者】

斎藤　隆治　浜松市立内野小学校教諭

渡邉　香織　静岡市立西豊田小学校教諭

若林　奏子　掛川市立中央小学校教諭

白井田美子　静岡市立横内小学校教諭

【編著者紹介】

岡本　光司（おかもと　こうじ）

1938 年　東京都生まれ
1961 年　東京教育大学教育学部教育学科卒業
1967 年　東京教育大学理学部数学科卒業
知的障害児施設、埼玉県立川口工業高校、東京教育大学附属中学校、
東京学芸大学教育学部附属竹早中学校での勤務の後、静岡大学教授、
静岡県立総合研究センター教授、常葉学園大学教授を歴任

主たる著書・訳書

『立方体をさぐる』（A. ラヌッチ著、訳、1981、大日本図書）、『中学校
数学の学習課題―範例統合方式による授業』（共編著、1982、東洋館）、
『算数・数学における国際理解教育』（編著、1994、エムティ出版）、『生
徒が「数学」する数学の授業』（共著、1998、明治図書）、『子どもの
「問い」を軸とした算数学習』（編著、2008、教育出版）、『人間・風景
―ことばとなった数学用語―』（著、2010、イーテキスト研究所）、『生
徒の「問い」を軸とした数学授業―人間形成のための数学教育をめざ
して―』（共著、2014、明治図書）

子どもの「問い」を生かす算数授業

—「静岡」からの発信—

*

2023年8月20日　初版発行

編著者　岡本光司

発売元　静岡新聞社

〒422-8033　静岡市駿河区登呂3-1-1

電話　054-284-1666

印刷・製本／藤原印刷

*